張愛玲。（上海作協理事魏紹昌先生提供）

張愛玲與賴雅，六十年代初在華盛頓。
(司馬新提供)

賴雅（右）與布萊許脫，一九四六年。
(得攝影家Mr. Todd webb之允許重印)

麥道偉文藝營之大廳。一九五六年張愛玲申請在此暫住，並結識賴雅。(得麥道偉文藝營之允許重印)

麥道偉文藝營森林式的大營地。
(得麥道偉文藝營之允許重印)

賴雅之工作室。（司馬新提供）

彼得堡松樹街二十五號，張愛玲與賴雅住三樓。（司馬新提供）

舊金山布什街六百四十五號公寓，一九五九至一九六一年張愛玲在此住了兩年半。（司馬新提供）

華盛頓皇家院公寓進口。（司馬新提供）

SLANT WALK REPORT

campus news about the University, its students and alumni

Top Chinese Authoress: Miami's Writer-In-Residence

Outstanding Chinese authoress Eileen Chang will be Miami's first foreign Writer in Residence. Miss Chang's novels and other works in both Chinese and English have brought her recognition as "one of the best living Chinese novelists.

"We see Miss Chang's presence on the campus as an important opportunity for our programs in East Asian Studies, Chinese literature, creative writing and modern American literature, while at the same time providing her with favorable circumstances for further work on her current novel," said President Shriver.

"It is understood that while she will not teach any regular course.

Eileen Chang

appear soon, and Edgar M. Branch, authority on both Mark Twain and James T. Farrell, are Research Professors in English. Howard L. Ritter, currently on leave for nuclear research in Puerto Rico, is Research Professor in Chemistry. Dwight L. Smith, author or editor of several books, is Professor on Continuing Research Appointment in History. David Bean, pianist, holds formal designation as Artist in Residence.

邁阿密大學對張愛玲到該校任駐校作家所作之報導。

康橋Brattle St.之公寓外景，一九六七年張愛玲遷居此地，稍後賴雅去世。（司馬新提供）

康橋公寓之進口。（司馬新提供）

柏克萊公寓，在杜蘭街。（司馬新提供）

羅契斯特街公寓，張愛玲在世的最後住所。（司馬新提供）

張愛玲上海老宅之進口。臺階與舊時一樣。（司馬新提供）

樓下最右二窗户内之房間，是當年張愛玲被囚禁半年的地方。（司馬新提供）

四十年代張愛玲在上海赫德路公寓舊居，〈公寓生活記趣〉即寫在此。（司馬新提供）

卡爾登公寓，今名長江公寓，是張愛玲一九五二年離開上海去香港前與姑姑同住之處。（司馬新提供）

文章，大概知道我不想看，看了徒然生气，所以没寄给我。不管他怎樣誤引志清的話，我根本不理會，絕对不會对志清誤會。等我过天寫信去，志清會看得出我这是真話。您現在的職業与副業我覺得非常理想，免除大學城的苦悶，又有發展的餘地。我的住址電話如下，請代保密：

245 SO. RENO ST., APT. 9
LOS ANGELES, CA 90057
TEL. 213-384-6867

几时到洛杉矶来，有空就請打个電話给我。祝

安好

張愛玲 三月七日

張愛玲的中文信手跡。（司馬新提供）

愛麗絲（一九六〇年），張愛玲曾送她中國食譜。其實愛麗絲不懂中文，張愛玲送她食譜純爲紀念。（司馬新提供，請參閱附錄三）

香酥鴨

肥鴨一

花椒一湯匙

茴香、桂皮少許

鹽、胡椒少許

將鴨洗淨肚內雜物，將花椒、茴香桂皮都放在鴨上，上籠蒸四五小时至鴨酥，取出待冷，將油燒至極熱，用猛火，炸至鴨皮鬆脆金黃為度。

茄汁魚球

桂魚一條（十兩以上）
蕃茄配司半罐（小罐）（用新鮮者亦可）
青椒六只
筍一株
菱粉半杯
鹽一茶匙
酒少許

洗魚，對剖，去皮及肉骨，切成六七分大小之方塊，用鹽酒浦透，以二湯匙溼菱粉將魚拌和，再將乾菱粉塗上，在大油鍋中炸一透，撈起。次將青椒切成大方塊，筍切成隨刀塊，在油內爆熟。末以蕃茄配司或新鮮蕃茄加糖少許，用油爆透，即將炸就之魚及青椒等皆傾入蕃茄內，加鹽及水少許，炒和即成。

張愛玲送給愛麗絲的中國食譜。
（司馬新提供，請參閱附錄三）

阿拉伯文版的《秧歌》封面。（司馬新提供）

萬卷文庫㉑⑧

張愛玲與賴雅

司馬新　原著

徐　斯
司馬新　合譯

此情可待成追憶
只是當時已惘然

李商隱〈無題〉

人生也是這樣的罷，它有它的圖案，我們唯有臨摹。

張愛玲〈傳奇再版的話〉

一　序

到一九九六年三月爲止，我所看到有關張愛玲的傳記和回憶錄當以下列三種最爲重要：早於一九七六年問世的〈民國女子〉這一章，見胡蘭成自傳《今生今世》；張子靜供應資料由季季整理寫出的新書《我的姊姊張愛玲》(時報文化出版公司)；林式同長文〈有緣得識張愛玲〉，見《皇冠》本年度二月號。大家都知道胡蘭成是張的第一任丈夫，張子靜是比她只小一歲的親弟弟，他們所記錄的事實應該是最可靠的，對張愛玲的認識也是最眞切的。林式同受莊信正之託，乃張愛玲索居洛杉磯最後十二年間最關心她生活起居、健康安全的一位房東和朋友。他是建築師而非文人，同張愛玲前後只見了兩次面。

但他不斷憑電話、書信同她聯絡，給我們寫了一篇最眞切動人的張愛玲晚年實錄。

與此一書、二文重要性相等的即是我要推介的《張愛玲與賴雅》（大地出版社）。張子靜從未出過國，《我的姊姊張愛玲》主要寫其複雜的家庭背景和於一九五二年離滬前的生活實況和文藝生涯。他同季季對張愛玲的海外生活是並無資料可以提供的。胡蘭成、林式同只知道張愛玲生活的某一段歲月，他們並無意爲她作傳，而胡早在一九八一年即已過世了。《張愛玲與賴雅》則是部兼顧張愛玲早期、後期生活和創作的全傳。全書共十章：首二章敍述其人在大陸的早期生涯，第三章利用傳記資料和心理分析爲張的兩篇小說寫下了細緻的評析，第五章爲美國作家甫德南·賴雅（Ferdinand Reyher，一八九一——一九六七）寫下了他同張締婚前的小傳，第十章則爲張愛玲在中國文學史上的貢獻和成就作了一個總結。張愛玲一九五二年離滬後在香港、美國四十多年所過的生活和所寫的作品則爲餘下的第四章、第六——九章敍述、研討的對象。寫此五章，本書作者下了最大的功夫，也為充實張愛玲的傳記作了最大的貢獻。下文先把他好好介紹一番。

二

司馬新是作者的筆名。他出生於上海，在香港受的中學教育。來美國唸大學是在加州大學柏克萊，研究院唸的是哈佛東亞語文系的中國文學博士。很可能受了張愛玲的影響（〈憶胡適先生〉此文早已於一九七六年收入《張看》），司馬新兩年之後要研究的論文題目即是《海上花列傳》這部晚清小說。他的指導教授韓南(Patrick Hanan)不諳吳語，當年尚未開始精讀晚清小說，建議請我為其論文顧問。這樣司馬新同我才開始了主要以英文為媒介的長期通信。本書附錄〈人去・鴻斷・音渺〉此文裡，他提到有一次來訪，我鼓勵他寫信向張愛玲請教，因為沒有人比她對《海上花》瞭解得更透徹了。當年張自己寄呈《秧歌》給胡適，附信特別提到《海上花》讓他老人家高興。

司馬新於一九七八年初次求教於張，她給他回信，我想同她自己喜愛這部書也有些關係的。司馬新從未見過張愛玲的面，但她給他的信倒有十多封，這是很不容易的。到了後來，他同莊信正和我一樣，也是張自己認爲最信得過的一位朋友了。

香港《譯叢》(Renditions)一九八二年出了一期中國小說特大號，由柳存仁教授主編，鄭重譯介那些負盛名而讀者並不多的小說。因之張愛玲之英譯《海上花》終於刊出了首二章；「《海上花》及其敍事方式」長達二十五頁，則採錄自司馬新於一九八〇年完成的博士論文。這期專號後來擴充篇幅，當一本專書出版，主要標題爲 Chinese Middlebrow Fiction。司馬新的英文名終於同張愛玲的並列，應感十分欣慰。事實上，中國讀者雖已三棄《海上花》，美國多的是中國小說專家，他們把一本本冷門小說當學問研究，張愛玲當年自己看到那期《譯叢》也應該很高興的。

司馬新在此文首條腳註裡向他二位指導教授韓南、海濤瑋(J.R. Hightower)致謝，他也敬重這二位教授。但從他的談話裡，我知道他最佩服的哈佛教授乃勒文(Harry Levin)，他上過他的課，且同他長期保持師生之誼。五十年代初期我在耶魯讀了勒文那本《喬伊斯》(James Joyce，一九四〇)，在書店裡見到他另有論評英國十六世紀劇作家馬璐 (Christopher Marlowe)、法國十九世紀小說家司湯達的專書，驚奇不已。美國大學多的是專家，像勒文這樣兼治各國各類型文學的通人實在少之又少。一九九四年五月勒文去世後，我同司馬新特別通了一次信，表示悼念。

勒文爲比較文學系研究生開的那門現代小說的課——專講喬伊斯、普魯斯特、托瑪斯・曼三大家——我想司馬新沒有上過。他雖對普、曼二氏必然感到興趣，眞讀他們的法、德原文一定很吃力的。英美大小說家間，他則喜愛亨利・詹姆斯遠勝於喬伊斯。整篇《海上花》論文，有關敘事方式、寫作技巧部分都是按照詹姆斯觀點去寫的。因之把此觀點發揚光大的第一本書——勒勃克(Percy Lubbock)的名著《小說技巧》(The Craft of Fiction，一九二二）——在論文裡也引用了好多處。我們可以說韓邦慶寫小說最能把情節戲劇化，最能保持客觀的距離，才能先後博得魯迅、胡適、張愛玲、司馬新的好評。比起韓邦慶來，張愛玲更可說是最善運用文字、技巧的小說大師，無怪司馬新寫完《海上花》論文後，就一心一意去探討張的生平和小說藝術。本書出版後，他對張愛玲的研究還是要持續下去的。

既是詹姆斯的愛讀者，司馬新對艾德爾（Leon Edel）教授也極為推崇。我不敢斷言他是否看過艾氏的五巨册權威著作《亨利·詹姆斯傳》（The Life of Henry James，一九五三—七二）。我藏有此書的簡縮本竟也長達七百四十頁！但艾氏另兩種名著，《現代心理小說》（The Modern Psychological Novel，一九六四，一九五五初版題名為 The Psychological Novel）、《文學家的傳記》（Literary Biography，一九五七），我想他一定看過而深受其影響的。在本書結尾他認為「把張愛玲稱為當代中國第一位心理小說家當不為過」，而他自己也同艾德爾一樣，善於利用傳記資料為張愛玲的小說作深入一層的詮釋。在第三章裡，作者把兩篇他認爲「帶有濃厚自傳體成分的作品」——〈多少恨〉(一九四七)、《十八春》(一九五〇，後改寫成《半生緣》)——「深入探究，歸入到寫張愛玲自己的傳記中去」，很見功夫。張曾對宋淇、鄺文美夫婦說過，《十八春》「故事的結構」採自馬昆德(J. P. Marquand)這本小說H. M. Pulman Esq.。但一部小說的形成，其因素很多，《半生緣》的讀者，看到曼楨遭受姊夫強暴這段情節，可能都會想到愛玲自己遭父親毒打，監禁在家這段事實。但只有司馬新會把〈私語〉此文同《半生緣》細加比較，找出充分證據點明張愛玲如何把自己最痛苦的經驗脫胎換形成小說女主角同樣教人難忘的遭遇。

三

本書題名爲《張愛玲與賴雅》，不僅因爲這是第一本詳敍二人婚姻生活的傳記，司馬新也認爲這位美國夫婿乃張愛玲情之所鍾，且支配了她的下半生最具關鍵性的人物。張於一九五五年秋天，從香港乘船抵達紐約。翌年二月搬往 New Hampshire 州的麥道偉文藝營(Edward MacDowell Colony)才同賴雅交識的。二人同年八月結婚，張才三十六歲，而賴雅已是個六十五歲、因多次輕微中風而健康受損的老人了。他的創作時代早已過去。賴雅病故時，張愛玲才四十七歲，但人變得更爲孤獨，身體也愈來愈壞，不想爲豐富自己的生命去作任何努力了。

目今所有的張愛玲專家皆未見過賴雅。司馬新比我年輕得多，當然更無此可能。但爲寫本書，他眞的不顧困難去找尋有關賴雅的任何資料。他同賴雅與其前妻所生之女兒會談了多次，也訪問了幾位張、賴結縭期間所交識的朋友。他也看到了賴雅的日記和愛玲寫給他的幾封信，司馬新一直有意用英文寫本張愛玲專書的。多少年來，他每寫就一篇必寄我賞閱，我早覺得他可以出本書了。但張愛玲去世消息於去年九月九日傳遍天下後，他才決定與徐斯先生把原稿生平部分譯出，先出中文版的。他已發表有關張的英文論文只有研討其中短篇小說之主題和寫作技巧這一篇，載 Tamkang Review《淡江評論》一九七七年十月號。但有朝一日，張愛玲的英語讀者愈來愈多，本書英文原稿（包括文學評論）我想也會出版的。

司馬新無意急急出版一本英文專書，因爲他早已改行進入金融界了。他同張愛玲一樣，住在大都市才稱心。因之他雖在哈佛教過一兩門課，拿到博士學位後，要他在處於鄉村、小城的大學教書，他是不幹的。不教書，不必去看那些西方新左派的文學理論和研究，自是一種福氣。而且公餘之暇，一個股票分析師比起一位教授來反而有更多時間去欣賞自己愛讀的書、愛看的畫、愛聽的音樂。因爲地理之便，一位不在教育界服務的文學博士照樣可以從事專題研究。司馬新因出差去上海，探訪張愛玲的故居和她僅存的親戚要比任何海外學人都早。無怪他那篇〈張愛玲兩三事〉一九八八年在香港《明報月刊》三月號、《皇冠》五月號先後刊出後，大受內行的重視。

賴雅在美國從未眞正出過名，到了今天早已是個被遺忘的作家了。一九七八年有位哈佛教授寫本書講他，主要因爲他曾是德國共產黨劇作家布萊許脫(Bertolt Brecht)的密友和美國宣傳員。現在有本中文專書講他，完全因爲他是張愛玲的美國丈夫。國內最早一篇文章講他的想是鄭樹森的〈張愛玲、賴雅、布萊許脫〉，載《聯合文學》一九八七年三月號。

早在一九八四年十一月我購得《雷電華公司的故事》(The RKO Story，紐約、一九八二)此書，無意中發現該公司一九三六年發行的影片中，倒有三部是由賴雅協同他人編劇的。再查看其他七大公司同類書的索引，至少還有六部賴雅曾參與其編劇工作。司馬新說得很對，這些劇本大半編寫於一九三一——四二年間，但《世界、肉體、魔鬼》(The World, the Flesh and the Devil)這部由賴雅一人編劇的黑白片，一九五九年才由米高梅發行。此片演員陣容不弱：貝拉方德(Harry Belafonte，黑人影星兼歌星)、梅爾菲勒(Mel Ferrer)同Inger Stevens演曼哈頓炸毀之後，僅存的三個人。想來看過這部近似科幻片的影迷還不至於把它全部忘懷。

賴雅至少曾有六部作品（想都是小說）被搬上銀幕，其中一部《等一會太陽就要出來了，耐莉》(Wait Till the Sun Shines, Nellie)非他自己編劇，一九五二年二十世紀福斯發行，我倒有興趣一看。主角David Wayne、Jean Peters（未上銀幕前乃俄亥俄州小姐，後下嫁霍華·休斯Howard Hughes)都是小明星，但製片巨頭柴奴克(Darryl F. Zanuck)委託他的首席導演亨利金(Henry King)督導此片，表示對它極爲重視。Wayne演一個小城的理髮師，從青年演到老年。他的太太Peters不慣住在小城，偕人情奔，因火車出事而皆喪命。理髮師一人把兩個孩子領大，其中一個後來去芝加哥當了小流氓，街頭械戰而亡。但理髮師進入晚年後，極爲市民愛戴，身邊有個孫女兒耐莉，也不寂寞。這類悲歡離合的故事，拍成電影容易討好。看賴雅自己的小說，這也該是個試金石，眞能寫得「平淡而近自然」，應該是十分動人的。可惜賴雅所有著作，哥大圖書館只藏有一部小說I Heard Them Sing（一九四六），早已搬進了校外倉庫，也就不想去借出一看其究竟了。

四

司馬新寫賴雅同張愛玲在麥道偉文藝營相愛的這段姻緣，強調二人感情上之需要，但也並不忽視二人在經濟上都無安全感，且對其前途充滿了焦慮。張愛玲抵達紐約不久，即遷居救世軍所辦之女子宿舍，其服務員不少即是附近街道上的酒鬼、流浪漢，張處身其間，簡直難以想像。想來因爲《秧歌》已出了英文版，她才決定來美國的。除了寫稿以外，她並無任何打算，也沒有什麼積蓄。假如寫好的稿子，沒有英美書商要出版，或出版後並不賣錢，她的生活就沒有辦法，只好多從事中文譯作來換取金錢。因之對她來說，同一個有資格進麥道偉文藝營的美國文人結婚未始不是一條好的出路。不論他年紀多大，在經濟上總該比她有辦法。她哪會知道六十五歲的賴雅早已錢、才雙盡，在他的想望中，同剛有新書在美國出版的年輕中國才女結婚，正好也解決了他的一切問題。

賴雅同張邂逅期間，的確如本書作者所言，「是個熱情而又關心人的男人，對她的工作既有興趣，對她的幸福也很關懷。」但有一點沒有明白交代，他有無把已曾中風多次，兩年前還住了醫院之事在婚前告知愛玲。假如他把此事瞞了，我認爲是非常不道德的。再者，張於婚前即已懷了孕了，賴雅堅決要她墮胎，我認爲他不僅不夠溫柔體貼，且有些殘忍霸道，同她的父親一樣損害了她的健康。

張愛玲瘦瘦的體型我們在照片上看得多了，不會把她同生男育女聯想在一起的。但懷了孩子，身體裡的荷爾蒙起了變化，胃口好，體重也跟着增加，身體從此轉強也說不定。張愛玲在〈談女人〉此文（見《流言》）特別提到「我所知道的感人最深的一齣戲」——奧尼爾的《大神勃朗》，因爲戲裡有個眞正算得上是「女神」的「地母」娘娘，形象同張自己完全相反，「一個強壯，安靜，肉感，黃頭髮的女人，二十歲左右，皮膚鮮潔健康，乳房豐滿，胯骨寬大。她的動作遲慢，踏實，懶洋洋地像一頭獸。」愛玲童年時是胖嘟嘟的，十八歲父親把她關起來，雖不能說在她患痢疾後，心硬得見死不救，但愛玲從此身體虛弱，甚至晚年那些病症都可溯源到那次災難。她的第一任丈夫傷了她的心。第二任丈夫在婚前剝奪了她做母親的權利和樂趣，而且因墮胎而「在紐約病得很重」，引起麥道偉營友的關心。張愛玲生命裡最重要的三個男人都是對不住她的。

司馬新說得很對，假如眞的有了孩子，「她需得在目前風雨飄搖的生活狀態下，有能力照應和保護孩子，這點確實很難做到。」但三十六歲的才女，想在美國找個年齡相當，身體健康的對象不能算是個奢望。但在愛情這方面，張自己從來不採取主動，人家找上門來，她就被感動了。她可說是個舊式中國女子，跟定了一個男人，也就不想變更主意。假如丈夫病了，她就一人咬緊牙關奮鬥下去。她同賴雅結婚後，二人看電影上館子，也過些比較甜蜜的日子。但主要因爲賴雅身體一天天壞下去，愛玲才決定於一九六一年秋親自飛往臺灣、香港去賺錢。錢賺得並不多，倒把自己身體也累壞了。

去臺灣主要目的之一是訪問到張學良，以便用英文寫本以《少帥》為題的小說。在創作方面，張愛玲向有自知之明。當年試寫〈連環套〉這部長篇小說，借用些舊小說的筆法來寫香港早期華洋雜處的生活，我覺得一點也沒有錯。傅雷對法國十九世紀小說非常內行，但英國另有一個專寫女冒險家在社會上鬼混的小說傳統——以狄福 Moll Flanders 為始作俑者——他並不熟悉，再加上他看不起中國的傳統小說，把尚在連載中的〈連環套〉罵得一錢不值，實在是不應該的。(多年後，張自己心虛，把它罵得更兇，當然也無此必要。) 但同賴雅結婚五年仍打不開一條出路，她竟有意以《少帥》為題寫本暢銷書，我認為是大大的失策。(賴雅原是馬列主義的信奉者，很可能覺得張學良刼蔣之舉非常英雄，給她出的主意。) 比張愛玲早幾年，林語堂寫武則天，張歆海、黎錦揚各寫賽金花——三人皆英文高手，書都並未暢銷。張愛玲英文雖好，寫西安事變這樣重大的歷史事件，可能力不從心。張學良的風流事跡其實也沒有什麼好寫的。本書第九章謂：一九七一年接受水晶訪問前，「她已寫完《少帥》。」好像她從未為此書接洽過出版事宜，書稿想應仍在宋淇夫婦保管的遺物中。

張愛玲那次臺灣之行，本書第八章報導頗詳。她旅遊寶島，剛到臺東，得悉賴雅又一次中風即趕回臺北，竟因買不起返美機票而反提早飛港去寫電影劇本，以便多掙些錢為夫婿治病。讀到此處，我真的是感慨萬千，經濟重擔愛玲一人挑實在是很累的。她向有眼疾，來港後寫劇本太辛苦，因工作時間太長，眼睛又出血，為了抑制病情，不得不常找醫生打針。愛玲遺體的骨灰灑入海洋已三四個月了，但我還是為當年流眼血的她感到心裡難過。假如愛玲能同一個身體健康而有固定收入的人結了婚，生活上可能有一種幸福感而讓她重新投入大千世界（美國當然包括在內），興致勃勃的再去創作也說不定。當然，生活的負擔雖因她多病的丈夫而變得非常沉重，但從書中看到她對賴雅的愛情，還是很眞實的。

《對照記——看老照相簿》上半本人多很熱鬧，下半本都是張愛玲的獨照，看來好孤單。其實她同李香蘭非親非友，二人的合照實無必要放在書內的。張愛玲離開大陸後，宋淇夫婦才是爲她出力最多的至交，也是她遺囑的執行人，《對照記》上若刊印了他倆的照片，正好給她機會向二友好好表示感謝，而她並未這樣做，我覺得好奇怪。書裡不刊胡蘭成的相片，情有可原。但賴雅的相片一張也不登，假如眞如司馬新所肯定，他是「她一生中唯一如此愛她，關心她的人」，也更是奇怪。很可能在他去世二十多年之後，她對他的感情變得淡薄了，覺得即在當年，他的才華就不高，年齡也太大，配不上她。或者因爲下嫁洋人，本身就是件難爲情的事，不要讀者們知道。試看三毛、聶華苓這兩個相反的例子，爲了她們心愛的異國夫婿，寫下了多少悼念讚美的文字？

上文早已說過，本書是兼顧張愛玲早期、後期生活和創作的全傳，也是世上第一部張、賴合傳。關於張愛玲來美之後的下半生，司馬新發掘資料之多，實在沒有第二人可同他相比的。憑了這些資料，他肯定了張、賴二人的相互關愛，這個大前題我想是應該成立的。當然我們也知道，在張愛玲的世界中，一對男女的情愛關係，通常說來比較錯綜複雜，不易簡化成一個公式——我們要探究張愛玲自己的愛情故事，更談何容易！我在本序裡對這則故事提出了些自己的看法，並無意對司馬新的大前提有所質疑，只是想提高讀者的興趣去細細研討、品賞這段苦多樂少的中美姻緣。

夏志清一九九六年三月

楔子

一九五六年三月，在美國東北部新罕布夏(New Hampshire)的麥道偉文藝營(MacDowell Colony)中，張愛玲與甫德南·賴雅(Ferdinand Reyher)初次邂逅。同年八月，與他結為伉儷。這段姻緣長達十一年之久，直到一九六七年十月，賴雅在麻州康橋(Cambridge, Massachusetts)病故，才告結束。在這十一年中，他們為了謀生，也為了搏取文學上的成就，東奔西波，中間又有不少悲歡離合。尤其在最後二、三年中，更為了賴雅日益衰弱的病體，一起苦苦掙扎。

乍一看來，他們的結合似乎不太相配，張愛玲當年才三十六歲，而賴雅則已是一個六十五歲的老者；更不必說種族也不相同；賴雅終其一生是社會主義理想信徒，而張愛玲則對政治毫無興趣，但又剛從社會主義制度的中國逃亡出來；賴雅是個熱情好客的人，而張愛玲則不喜見人。但是，這段令人費解的姻緣卻給張愛玲帶來了一生中唯一眞正愛她的人，也給賴雅帶來了晚年的喜悅和安慰。人生的事實比虛構的故事有更深沉的戲劇性，想了解這段姻緣的來龍去脈，還得從頭細說。

第一章

一九二〇年的上海還是一座各種相抵觸的事物並存的城市。那裡既有五四運動餘波激發出來的知識份子熱情，而傳統的價值觀和信仰在民眾中卻仍行其道；上海雖然在名義上是共和制中國的一部分，外國人在上海卻享有老百姓得不到的特權；財富集中在社會上層階級掌握之中，而工人運動卻正在積聚力量，並在共產黨的領導下，結果在一九四九年推翻了舊的社會體制。

張愛玲（英文名爲 Eileen Chang）就在一九二〇年九月三十日（農曆八月三十日）出生在上海一個門第顯赫的官宦之家。她的祖父張佩綸當年是清廷要官，當然張愛玲出世時滿清已推翻了九年。她的祖母是清朝著名政治家李鴻章的女兒。她的父親張廷眾受過良好的教育，很通中國古典文學和現代西方文學。滿清推翻後，他沒有當上一官半職，閒居在家。她的母親黃素瓊（後改名黃逸梵）是湖南名門之女。

愛玲兩歲時，舉家搬到天津一幢帶花園的大房子去住，傭僕成群。每天早晨，女傭把她抱到母親的銅牀上去，跟着母親不知所云地背誦唐詩。下午，她靠在牀上學識字，學好了可賞得兩塊綠豆糕。儘管居處很奢華，但是卻並不是一個幸福美滿的家庭，皆因愛玲的父親在另處納了一房妾，使她母親很難受。在愛玲三歲時，她的母親終於出走歐洲。在她母親動身的那天，她母親穿着一身綠色帶發光小片的衣裙，伏在牀上傷心地哭泣，毫不理會傭人提醒她該動身了。不得已，傭人把愛玲推到牀前去催她，也仍是全無反應。在愛玲的眼中，她母親就像輪船船艙玻璃窗上反映出來的大海，懷着無邊無際的痛苦，而隨着哭泣起伏的綠色光片，就像大海中綠色的波濤。

愛玲的母親離家不久，她父親的小妾就搬到大房子來住，並很快便掌管了大權。這位如夫人過去在堂子裡做過妓女，年齡比愛玲的父親還大，長着一個鵝蛋臉，臉色蒼白，額上垂着長長的前劉海。她對愛玲倒還不錯，還替愛玲做了一套短襖長裙相配的絲絨衣服，相當時髦。家中宴會比過去多了，因此也比過去熱鬧。席中總有堂子裡的姑娘在座。所有這些場面，都沒有逃過愛玲的眼睛，她躲在帘子後面迷惑地盯着。有一次，愛玲看到一對年輕的姊妹花，依偎地坐在一起，穿着相同的玉色衣衫，簡直像一對連體雙胞胎。大人偶而也帶愛玲到著名的起士林夜總會去，她就邊吃掼奶油蛋糕邊看別人跳舞，然後，便在朦朧的粉紅色和黃色背景中打起盹來，一直睡到清晨三、四點鐘，然後馱在傭人背上回家去。家中聘了一位塾師，專教愛玲和她弟弟古文。塾師逼着愛玲把古文一節節記住，她在這樣的幼齡念書實在是件苦差使。這位如夫人生性兇悍，她不但虐待自己的姪子，甚至有一次還用痰盂打傷了愛玲父親的腦袋，張家族人終於逼她離開了這個家。

愛玲長到八歲時，全家又搬回到了上海。張廷衆因注射嗎啡過量而瀕臨死亡。那天他獨自坐在陽臺上，外面下着潑瓢大雨，就像拉起了一層白色的幕帘，他眼睛直鈎鈎地盯着前方，頭上覆着一塊濕毛巾，嘴裡喃喃地不知說什麼，光景十分淒涼。不久，愛玲的母親回家了，把她父親送進了醫院，戒掉了癮君子之癖。他痛悔前非，與太太破鏡重圓。家中又有了童話書、有了狗、有了鋼琴，到處擺滿了鮮花，更不必說傭僕又是成群，家庭重新呈現出和睦的氣氛。愛玲這時受到了藝術、音樂和英文等方面的教育，甚至連一個小淑女應有的儀態，也得到指導。

愛玲的鋼琴教師是一個白俄，大面孔上有茸茸的金汗毛。她丈夫似乎無工作，常居家中，愛玲去訪時由他開門。客室的牆上排着深咖啡色舊地毯。愛玲那時還不大會說英語，卻與白俄教師談話甚多，連送她去的老女佣也參加。有一次在她的家中開了一個演奏會，由她的學生來表演。分派給愛玲的是一首慢拍子、曲調很少的作品，樂曲聽起來單調乏味，因此很難討好。愛玲奏完後聽眾中沒有人鼓掌，只有白俄鋼琴教師微微點了一下頭表示讚許，總算給了她一些自信心。隨後，這個白俄女人用點心招待她們，許多各色點心都放在幾隻矮桌上，其中大部分是小圓麵包，有蒸的，也有油炸的。愛玲因爲選了這首曲子給她，到這時還感到委屈，因此對這些碟子中的點心一口也沒嘗，總說：「**不吃了，謝謝**」。這位白俄是個金黃色頭髮的胖女人，不太會說英語，因此，她以最誇張的嘆息聲和抬眉毛來表示她的失望與詫異，就像無聲電影中的女角色。數年後，愛玲看過了果戈理的《死靈魂》一書後，才知道這種美味魚餡麵包是俄羅斯名點，明白了在那次演奏會上錯過了機會，看後她直踢自己。

她父母那段原本悲慘的婚姻，也只有在這段時期是幸福的，但是好景不長，在她父親徹底治癒後，這段美好的時期便告結束。她父親爲了防止太太再度出走，想釜底抽薪，先耗盡她的私房錢，因此拒絕支付家庭開支。夫婦倆爲此在房中吵得很兇，傭人嚇得把愛玲和她弟弟拉出房門，叮囑他們保持安靜。那時是晚春天氣，陽光穿過綠色竹帘灑在陽臺上，滿地都是密密的斑紋，姊弟倆騎在三輪小腳踏車上，待在陽臺上不敢作聲。諷刺的是，她父親的如意算盤，反而促進他們離婚的危機早日實現。離婚後，她母親就遠赴法國學習油畫。

愛玲有個未出閣的姑母，她與愛玲父親一向不和，有一段時間甚至不來往。她與愛玲的母親卻合得來，有一次還一起出過國。在離婚事件中，她站在愛玲母親的一邊。愛玲向她姑姑那裡求得心境安慰和支持。愛玲對於與她父親房子有關的一切都瞧不起，在她眼中，那是一個由鴉片、章回小說以及迂腐的古文塾師所組成的沒落世界。房間中因瀰漫着鴉片的煙霧而變得模糊不清，到處散放着小報。陽光在煙霧中，看起來永遠像黃昏時的朦朦朧朧。然而，愛玲正策劃着自己的未來，比如到英國去上大學，將來有可能在卡通影片方面一展身手，要穿着最別緻的衣服周遊世界，並且在上海過着獨立自主的生活。

但是，愛玲還沒有來得及實現那怕是其中一個計劃，她父親第二次結婚了，使她狼狽不堪。愛玲的後母也是一個吸鴉片的，爲人冷酷無情，對愛玲的弟弟和老媽子都濫加責罵，還試圖敗壞愛玲生母的名譽，也試圖抹去她的前任留在這個家庭中的影響。由於愛玲在上海聖瑪麗亞女校寄宿，才得能與她後母表面上保持和協的關係。

聖瑪麗亞是一所主教派教會辦的女子學校，由傳教士管理，在上海頗有聲望，上海有錢的洋派家庭都喜歡把女兒送到那所學校去。愛玲在那些穿着入時的同學中間，自慚形穢，因爲她只有少數幾件後母給她的舊旗袍。她盼望能穿上校服，可顯得瀟灑一些，至少在同學的眼中可以把她看成是平等的。對於十幾歲敏感年齡的少女來說，這種窘迫感使她在許多年後還耿耿於懷。

距聖瑪麗亞女校不遠，有一家俄羅斯人開的麵包店叫老大昌(Tcha-kalian)，出售各種麵包。其中愛玲最喜歡的是半球狀麵包卷，底部嵌有奶酪和硬麵攪和起來烤成的十字形底板。與上部的麵包卷一起吃，味道極佳。老大昌還出售一種俄羅斯名點匹若磯(pierogie)，是一種肉餡煎餅，外表呈金黃色，看上去味道亦佳，但是愛玲怕不易消化，並不買它。

愛玲的學校生活也有歡樂的時候，她的功課都很優秀，尤其是中國文學和英國文學更爲特出。一九三二年愛玲只有十二歲時，已經是聖瑪麗亞女校文學刊物的積極投稿人。

事實上，愛玲很小就開始動筆寫故事。六歲多時寫了第一篇故事，講的是一個年輕女子設計一個曲折的陰謀，趁她哥哥不在家時來對付她的嫂嫂。對於一個六歲的小女孩來說，是一個奇怪的題材。隨後，她開始寫一篇似《隋唐演義》的歷史故事，也沒有完成。她第一篇寫完的故事是在她念小學的時候。故事講的是一個少女在介紹表姐與她所愛的男朋友來往後，結果失戀了，於是，她到杭州的西湖投湖自盡。儘管愛玲的母親認爲沒有人會從上海跑到杭州去投湖，但是愛玲堅持要選風景如畫的西湖作爲結局的背景。

從一九三二年起，愛玲開始爲課堂作業和學校文學刊物撰寫故事，其中有一篇題名爲〈理想中的理想村〉，故事中滿篇是三十年代時尚的新文藝濫調，例如有這樣的句子：「那醉人的春風把我化成了石像在你門前。」幾年後，她對這類句子完全厭棄。在那時期中，愛玲的最佳之作也許是〈摩登紅樓夢〉（未出版，很可能已遺失）。從僅存的兩段摘抄下來的故事看來，還是很精采的，它是以現代背景來改寫古典小說。這篇故事的文體和人物都是從《紅樓夢》演化而來的，卻注入了現代的和她自己的感情。愛玲在年輕時，就將《紅樓夢》反覆看了不知多少遍，這部經典著作中心理狀態之深奧、行文語言之才華、戲劇性之形式，對愛玲的影響是巨大的，使她在將來的著作中獲得很多靈感，也是她取之不盡、用之不竭的源泉。

在愛玲的中學時代，還寫了兩篇短篇小說，一篇是以農村爲背景的〈牛〉，另一篇是以著名的歷史片段爲基礎的〈霸王別姬〉。兩篇小說都是以作者用三十年代所喜愛的傷感體裁寫成的。

一九三七年，愛玲畢業於聖瑪麗亞女校，她母親也回到了上海，因爲顯出對母親有偏愛之心，使她父親感到惱怒，因爲他畢竟一直在支持愛玲的。

同時，她後母趁機也挑撥兩人的關係。日本人攻打上海時，愛玲在她母親處住了兩星期。她後母既嫉妒又光火，和愛玲吵了一架，還到她父親面前搬弄是非，說愛玲出言不遜，侮辱父親，使張廷眾大發雷霆，對愛玲拳足交加，直到她奄奄一息。愛玲並未作抵抗，她決心去巡捕房報案，可是走到大門口，大門鎖着。她又踢又叫，企圖引起門外崗警的注意，但是全無反應。她父親知道了她的作爲，朝她頭上扔去一隻大花瓶，幸好沒有擊中。

次日，愛玲的姑姑來爲她評理，不料也被她父親打傷送進了醫院。張廷眾威脅愛玲要用槍打死她，暫時先把她拘禁在一間空房間內。十七年前愛玲就是出生在這所老房子中，可是現在看來突然像是一座瘋人院，怪影幢幢。她害怕要在這裡關上幾年，在這期間恐怕會失去理智。於是想出幾種從小說中看來的逃脫辦法。就在她還在策劃之際，她患了痢疾，差一點送命。她父親既不請醫生也不給藥，任她呻吟、衰弱地在囚禁中過了半年，死亡有時看來在逼近她。然而，即使在絕望的時刻，她仍留心聽着大門開啓的叮噹聲、和通向大門煤屑路上嚓嚓的腳步聲，希望有機會逃出去，甚至在做夢時，她也聽到這些聲音。半年後，快過農曆新年了，在一個隆冬的晚上，她先伏在窗上，看清了至門口路上無人，自己一步步挨着牆摸到大門，拔出門閂，開門閃身逃到街上，寒冷的街道，一片寂靜的灰色。她急急走着，見了黃包車還不忘討價還價。她終於獲得了自由，從此，不再住父親家裡。

愛玲到她母親那裡安頓下來。到了夏天，她弟弟也跑來要求與她們住在一起，但是張太太向他解釋，她不能同時負擔兩個孩子的費用，而且他是張家的獨生子，在教育費和繼承遺產方面都不會有問題。她們明知他在老房子裡並不快樂，但是別無選擇，只能送他回家。這是實情，在愛玲逃脫之前，張太太曾暗中給愛玲帶過信，告訴愛玲，她的財力極有限，遠不及張廷眾殷實，如果愛玲逃出老房子，將來可能得不到她父親的遺產，所以張太太毫不含糊地要愛玲鄭重考慮，免得將來懊悔。

愛玲母親的財力只夠供她上大學。在當時的中國，幾乎沒有職業婦女，女子上大學通常是爲了尋得乘龍快婿的一種途徑，故而實爲一種奢侈之舉。張太太也可以將錢供愛玲一櫥好衣服，在情場上會有更多機會，任憑愛玲取捨。她明智地選擇了高等教育。但是她也知道，母親的犧牲很大，至於爲她犧牲是否值得，愛玲和她母親一樣都持懷疑態度。在這一時期，愛玲一變過去在老房子落落孤寂的姿態，而在母親的指導下，仿傚年輕淑女應有的儀態，對愛玲來說要做到這點並非易事，尤其是在經濟拮据的情況下，更是困難。總之，愛玲和她母親這次重聚，不像幾年前那樣是一件歡快柔和的事了。

一九三八年，愛玲在上海通過了倫敦大學的入學考試，但是由於戰爭的關係，她無法遠渡重洋到英國去。倫敦大學入學考試的成績對香港大學也是有效的，因此改到香港大學就讀。一九三九年，愛玲抵達香港，分配在大學中的一幢女生宿舍裡。香港大學建在香港島的一座山上，整個校園就像一座景色幽美的花園。從許多窗口眺望出去，都可以望見山巔，俯瞰大海，而海水的藍色又時時變換着色彩。越過海面，新界(New Territory)的山脊隱隱送入眼底。由於氣候溫暖，校園中飛鳥彩蝶隨處可見，奇花異葩競相爭妍，鳴蛙長蟲飽食終年，炎炎夏日聽蟬鳴，蝙蝠和貓頭鷹則悄悄地在夜幕中展翅滑行。

愛玲在大學中是個用功學生，各門功課成績優異，獲得了對文學藝術學生頒發僅有的兩項獎學金——尼瑪齊(Nemazee)獎學金和給最佳二年級學生的何福(Ho Fook)獎，省卻了她母親一些學雜費。有一位教授對她說，在他的教書生涯中，給她的分數是最高的，聞之不免使她爲之驕傲。儘管學業上成績不錯，但是囊中羞澀，使她覺得沒有安全感。一次，一個家富的同學邀請全班同窗到她在一海島上的別墅去玩兒，愛玲託辭謝絕了，因爲渡海所需船費要十元港幣，超過了她僅夠生活費和書籍費的預算。

張愛玲回到上海兩年後，那時她已是一名公認的作家了，她還夢見回到大學中的女生宿舍。夢中，在一個雨夜，愛玲不敢去驚醒管理宿舍的尼僧們，準備在門洞中等過漫長的寒夜。忽然，她聽到一個有錢的施主太太領着她女兒來到宿舍的聲音，就在她們受到尼僧誠意歡迎之際，她悄悄地溜進了燈光明亮的宿舍，但是這時，舍監走了過來，淡淡地說：「你也回來了！」這個夢很能說明愛玲幾年前對沒有保障的感受。

愛玲逐漸對大學中多國混雜的環境熟悉起來。大學中的學生主要是海外有錢華人的子女，也有些外國學生，其中有一位名叫法蒂瑪·莫希登(Fatima Mohideen)的錫蘭少女（在愛玲的作品中稱她爲炎櫻，在後文中就用它），成爲愛玲的摯友。炎櫻矮而胖，長着一張圓臉。她的家也在上海，父親在上海開了幾爿店。母親是中國人，她也會說幾句中國話。有一年夏天，炎櫻動身回上海較早，使愛玲產生思鄉之念，這對愛玲來說是少有的事。她們一起到市區去看電影，或是炎櫻替愛玲作的畫着色。愛玲在繪畫方面表現出早熟而不凡的才華。

炎櫻爲人機敏，年紀輕輕，卻口才驚人。有時她又刁鑽古怪，確實是愛玲討人喜歡的伙伴。

愛玲偶而會乘一輛巴士到市中心去買東西、午餐或看電影。有一次，炎櫻拖她去那裡的電影院，這家電影院是按早期澳大利亞式樣建造的，與鄰近的街道相比顯得很龐大。炎櫻介紹了她父親的朋友，他是一個高個子的印度人，瘦得只剩下一把骨頭，穿着一件已過時十幾二十年的白外套。他總共只有兩張電影票，全都給了她們。後來，炎櫻對愛玲解釋，他一度曾是香港的印度富商，與一個名叫麥唐納太太(Mrs. MacDonald)的女兒宓妮(Penny)結婚。這位麥唐納太太是廣東人，在成爲麥唐納先生姘婦之前，已經有兩個印度姘夫。宓妮被迫與他結婚時才十五歲，生了一個兒子後，二十二歲那年與他離了婚。這個印度人很愛他的兒子，但是她卻不讓他去看望，於是他變得心情錯亂，導致事業失敗。後來愛玲在午餐時遇見了宓妮，她的外表及遭遇使愛玲聯想起自己的母親，她們都是在結婚後不久便離了婚，這在二十年代的滬港是罕見的。宓妮和她母親麥唐納太太的故事，使愛玲久久不能忘懷，幾年後，她把它寫成一部小說〈連環套〉。

到市區去時，愛玲多數會到天星輪渡（在香港一邊）鄰近的青島咖啡館去買半打司空帶回宿舍去。司空(Scone)是一種三角形小麵餅，非常精緻美味，雖然源出於蘇格蘭，卻通常在英式下午茶時食用。愛玲喜歡西式點心，這一點倒是與她父親相同。

一九三九年冬，愛玲在香港聽說上海的《西風》雜誌舉辦文學比賽，第一名可獲獎金大約五百元，當時合港幣一百七十元，對她來說可是一大筆錢。文章限定不得超過五百字。她的文章題爲〈天才夢〉。寫成後，反覆淸點字數別超過限定數，然後寄往上海。

對一位這樣年輕的作者來說，文章有如此自知之明是稀見的，因此，有必要詳細地援引其中部分段落如下：

我是一個古怪的女孩，從小被目爲天才，除了發展我的天才外別無生存的目標。然而，當童年的狂想逐漸褪色的時候，我發現我除了天才的夢之外一無所有——所有的只是天才的乖僻缺點。世人原諒瓦格涅的疏狂，可是他們不會原諒我。

她對於自己在語言和音樂方面的才能是這樣寫的：

對於色彩、音符、字眼，我極爲敏感。當我彈奏鋼琴時，我想像那八個音符有不同的個性，穿戴了鮮艷的衣服攜手舞蹈。我學寫文章，愛用色彩濃厚、音韻鏗鏘的字眼，如「珠灰」、「黄昏」、「婉妙」、「splendour」、「melancholy」，因此常犯了堆砌的毛病。直到現在，我仍然愛看《聊齋志異》與俗氣的巴黎時裝報告，便是爲了這種有吸引力的字眼。

另一方面，她承認：

我發現我不會削蘋果，經過堅苦的努力我才學會補襪子。我怕上理髮店，怕見客，怕給裁縫試衣裳。許多人嘗試過教我織絨線，可是沒有一個成功。在一間房裡住了兩年，問我電鈴在那兒我還是茫然。我天天乘黃包車上醫院去打針，接連三個月，仍然不認識那條路。總而言之，在現實的社會裡，我等於一個廢物。

我母親給我兩年的時間學習適應環境。她教我煮飯；用肥皂粉洗衣；練習行路的姿態；看人的眼色；點燈後記得拉上窗帘；照鏡子研究面部神態；如果沒有幽默天才，千萬別說笑話。

在待人接物的常識方面，我顯得驚人的愚笨。我的兩年計劃是一個失敗的試驗。除了使我的思想失去均衡外，我母親的沉痛警告沒有給我任何的影響。

生活的藝術，有一部分我不是不能領略。我懂得怎樣看「七月巧雲」，聽蘇格蘭兵吹bagpipe，享受微風中的藤椅，吃鹽水花生，欣賞雨夜的霓虹燈，從雙層公共汽車上伸出手摘樹巔的綠葉。在沒有人與人交接的場合，我充滿了生命的歡悅。可是我一天不能克服這種咬嚙性小煩惱，生命是一襲華美的袍，爬滿了蚤子。

在這篇短短的文章中，愛玲描繪出似乎預示她一生的主題：其一，她文學上的才華，後來證明是一流的；其二，她缺乏社交能力，致使她一生遇到很多困難。這篇文章眞像是一種奇異的預言。

文章寄出後不久，愛玲從《西風》收到一封信，通知她獲得了比賽的第一名。她大喜若狂，單是獎金一項，便可稍解燃眉之急，且更有甚者，是認可她文學上才華卓越。就在那時，她就下定決心要做一名作家。因爲一個二十來歲的少女在第一次嘗試中就取得如此大之成就，難免會令她心醉神迷。

收到第一封信後不久，愛玲又收到雜誌社第二份通知，但是獲獎者名單變更了，這次，她竟列爲第十三名，而獲得第一名的卻是一篇已過了截止期，字數又是限定數四倍的文章。更糟糕的是，《西風》從未作任何解釋。愛玲爲這種不公正和欺世的行爲所震動，久久不能平靜。

一九四一年珍珠港事件發生後不久，日軍對香港發動進攻，使愛玲的學習突然中止，對她接受大學正規訓練而言，中斷學習固然是悲哀的，然而，對於日後作爲一個小說作家來說，教授先生們並非一定是最好的導師；生活的實際經歷，以及廣泛閱讀各類書籍，對於正處在準備階段的愛玲來說，也許更爲重要。戰爭剛開始時，有些學生因爲校方取消了考試而天眞地想慶祝，有錢的小姐則關心在這一意外的場合中如何打扮。然而，戰爭嚴酷的現實很快使他們醒悟。炸彈落在宿舍的隔壁，大家都擠縮在底層的貯藏室中，只有炎櫻是例外，她冒了生命的危險到市區去看卡通影片，或者在震碎了窗戶的浴室中洗淋浴。不久，宿舍中食品短缺，最後關門大吉。愛玲在香港無處可去，不得不參加防空工作。分配給她的崗位是在一所圖書館內，至於她的具體任務是什麼卻並不清楚，不過，她對防空並不熱心，倒是讀了不少圖書館中的藏書。她也有時間繪了許多畫，後來由炎櫻着色。這些畫是她最佳的藝術之作。教日文的俄羅斯教師想買一幅，但是愛玲卻捨不得賣掉。愛玲和大家一起忍受着半飢餓的折磨，然而，比肉體挨餓更糟糕的是，人們爲在這戰爭中的生活而恐懼，因爲每時每刻財產可以化爲灰燼、房屋可以夷爲平地、人們可以成群倒斃。

英軍防守了十八天，最後被日軍打得潰不成軍，戰爭正式宣告結束，整個香港陶醉在狂喜之中。電燈、自來水、喧躁的街道，一切又恢復了正常。市民從空襲的威脅中解脫出來，覺得重又掌握了自己的生命和時光。愛玲終於理解了第一次世界大戰後，在歐洲出現的所謂「發高燒的一九二〇年」涵義何在。和平一恢復，愛玲和炎櫻就到處去找唇膏和冰淇淋。有一天走進一家食品店，居然答應第二天可以供應冰淇淋，第二天下午她們爲此走了很長一段路以飽口福。其實，香港淪陷後，不僅這兩位少女，就連整個香港市民也都重新發現「吃」的喜悅。小吃攤如雨後春筍，整天整夜地擺在街上。教師、律師以及三教九流都改行做臨時廚師或烤餅師。愛玲分配做大學中醫院裡的護士，在這個臨時醫院中約有三十名病員，大多數爲其他醫院轉來的，也有被流彈打中的苦力。他們都被安置在過去的男生宿舍中，忍受着肉體上的僵木和臥病的煩躁。愛玲有時也做夜班，需持續十個小時，但是夜班工作稍爲輕鬆，並且還可以躲在屛風後面看書，另外，還有牛奶、麵包作夜點心。只是那年冬天特別冷，愛玲洗刷銅鍋時，覺得冷如刀割。她等著港滬交通復原，便可回家。

第二章

一九四二年五月，張愛玲回到了上海。那時，上海也是日軍佔領下的淪陷區。她和姑姑一起住在赫德路上公寓(Edinburgh House)六樓六十五號。她母親在去新加坡之前，也是和她姑姑住在一起的。赫德路公寓是一所中外人士雜居的大樓。夏天，家家戶戶都開直了門，張愛玲可以聽到某家的僕人把電話中的對白譯成德文，說給小主人聽·;某家住一位教日語的俄羅斯人；以及二樓有一位彈奏貝多芬鋼琴曲的太太。她現在正爲一份《泰晤士》英文報和一份《二十世紀》(The Twentieth Century)英文雜誌寫稿，賴此生活。她寫了許多有關中國文化、宗教、電影等題材饒有趣味的文章。

一九四三年春，張愛玲用中文寫了兩篇短篇小說〈沉香屑·第一爐香〉和〈沉香屑·第二爐香〉。她極其審愼地爲發表它們做些事先準備，首先，經介紹，拜訪了新開辦的文學雜誌《紫羅蘭》主編周瘦鵑，親自奉上她的小說。這件事有些異乎尋常，因爲她一向十分討厭社交拜客和宴會。在一個早春的下午，張愛玲穿着一襲鵝黃色旗袍去見周瘦鵑。初次見面，周只是對張愛玲的儀態印象很深，等到精讀了她的小說後，對她的傑出才能印象更深。他希望張愛玲願意將小說發表在《紫羅蘭》上，她欣然同意。稿子排版結束後，張愛玲邀他一起喝下午茶以誌慶祝，屆時並可一讀校樣。茶點設在赫德路公寓的寓所，準備得相當精緻，有奶茶和西點。這兩篇小說相繼發表在五月和六月兩期的《紫羅蘭》上。張愛玲還將她的另一篇小說奉呈給文壇上的另一主編柯靈去看。柯靈是《萬象》雜誌的主編。一九四三年七月裡的一天，張愛玲去福州路一條小弄堂裡的《萬象》編輯部，她穿着一件優雅的帶碎花旗袍，夾着一個報紙包，裡面放着她的小說〈心經〉的稿子，她向柯靈作了自我介紹。柯靈已經看過載在《紫羅蘭》上她的小說，正在爲如何才能招募她來投稿而搜索枯腸，見到張愛玲出現在他門口的石階上，眞是喜出望外。這篇新小說很快發表在《萬象》上。

隨着這些小說的出現，張愛玲的文學事業青雲直上，很快又連續發表了十五篇小說，包括著名的〈金鎖記〉、〈傾城之戀〉、〈茉莉香片〉等。在日軍佔領下，上海文壇上突然出現這麼一個轟動一時的新秀，十分引人注目。聲譽鵲起之後，雜誌和書籍出版商急切地要求她供稿，而左翼作家如柯靈和他的朋友則叮囑她暫時擱筆，不如等到上海光復後東山再起。《萬象》出版商平襟亞也是一個舊式小說作家，是中央出版社的主管，建議出版一本張愛玲小說集。張愛玲找柯靈磋商想找一位出版商，但是柯靈親切地轉達了他的左翼朋友們的觀點，那便是先按兵不動，等到適當時機再出版不遲，甚至可由他們代爲預付稿費。張愛玲的答覆是胸有成竹的，她必須「趁熱打鐵」。她的小說集取名爲《傳奇》，送交雜誌出版社付印。一九四四年中出版，銷路旺盛，九月份又出了第二版。一九四四年一月，張愛玲的散文集也付印了，取名爲《流言》。就在這段時間，她又將自己的小說〈傾城之戀〉改寫成劇本，在上海的舞臺上演出了兩個月。這時的張愛玲眞是春風得意。

在《傳奇》再版序言中關於她之所以匆忙出版的一段話，就像是對柯靈一種委婉的解釋，她寫道：

個人即使等得及，時代是倉促的，已經在破壞中，還有更大的破壞要來。有一天我們的文明，不論是升華還是浮華，都要成爲過去。如果我最常用的字是「荒涼」，那是因爲思想背景裡有這惘惘的威脅。

目擊戰爭的野蠻和它巨大的毀滅力量，並從戰爭中幸存下來，張愛玲以只爭朝夕的勁頭抓緊時光。在同一篇序言中，她寫道：「出名要趁早呀！來得太晚的話，快樂也不那麼痛快。」她對社交雖然依舊冷漠，然而，顯然陶醉在自己所取得的人盡皆知的勝利之中。她常寫些自己的生活片段發表，例如與另一位當時有名的女作家蘇青的友誼，或與炎櫻喝咖啡時的對話等。

儘管公眾對她猶如眾星捧月，她也從中獲得喜悅，但是，她對人生卻是悲觀主義者，從她這篇再版序言的結尾，也可看出一些蛛絲馬跡：

生命也是這樣的罷——它有它的圖案，我們惟有臨摹。所以西洋有這句話：「讓生命來到你這裡。」這樣的屈服，不像我的小說裡的人物那種不明不白，猥瑣，難堪，失面子的屈服，然而到底還是淒涼的。

張愛玲之所以能取得如此巨大的成就，自然應歸因於她文學上的功底。在普通讀者的眼中，她的小說情節錯綜複雜，背景摻雜着異國情調，人物又令人難以忘懷；而在文學界的行家眼中，她的作品在語言的遣詞行文中閃爍着純眞的光彩，直喻和隱喻豐富，運用象徵手法靈巧，尤其是月亮和鏡子，眞可謂千變萬化。稱她是二十世紀中國小說第一象徵家(Symbolist)，確可當之無愧。張愛玲的小說對行家高手的吸引力更在於她對人生的獨特的眼光。在她眼中，生命是悲慘的，因爲現實世界容許人們的幻想實在太少了，而大多數人正是爲了能活得下去，仍是頑固地對某種夢想戀戀不捨；因此，她小說中的人物大多無奈地選了一種中間路線，這樣的人物既不情願面對現實，但是爲了實際需要而又非如此不可，從而陷在其中苦苦掙扎。正如夏志清所評：「如果他們的世界仍是悲哀的話，那不僅是因爲生命中純清的歡樂太少了，而且因爲每一步妥協都意味着懦怯和希望的幻滅。」

同時，四十年代初上海的社會環境也有利於張愛玲作爲一名作家拔地而起。一九三七年中日戰爭全面爆發後，茅盾、沈從文等老一輩作家都離開了北京和上海，文壇出現了某種程度的眞空，新作家在這種情況下比較容易出名。除了這些老作家出走外，喜歡與社會和政治有關的文學作品的主要評論家，不是也已經撤走，便是韜光養晦，沉默不語。近二十年出現的新文學或稱五四文學，堅信文學必須要有正確的政治作方向，並身體力行。從一開始，新文學便由左翼作家和評論家所統治，他們把文學當作與中國面臨的內憂外患作鬥爭的一種手段。他們很自然地自認爲正統作家。而以傳統小說作家爲代表的舊文學，在二十年來中與新文學同時共存，而且比嚴肅文學更受大眾的歡迎。他們寫的大多是無聊的娛樂性作品，例如媚俗的三角戀愛小說和偵探小說等，被五四作家貶稱爲鴛鴦蝴蝶派。他們的著作就其大體而言，沒有什麼文學價値，但是，其中至少有一位傑出的小說家是例外，他便是張恨水。以他平凡的現實主義和纖巧的敍述法而論，他也許可稱得上當代最出色的《紅樓夢》仿傚人。張愛玲對他作品風格上的自然和生活的逼眞方面，讚賞備至。

張愛玲的作品在鴛鴦蝴蝶派雜誌之一的《紫羅蘭》上初次登臺亮相。她並非想做這派中未來的一員，只是因爲日本控制的南京傀儡政府將嚴肅雜誌停辦之故。傀儡政府很想招募自己的作家，然而，有才華的作家卻又極少願意投靠他們，因此，他們雖然對張愛玲的這類小說並不鼓勵，但是爲了抑制統治了文壇多年的左翼作家的作品，同時也因爲在配備作家來振興他們的理想（如果大東亞共榮也可稱之爲理想的話）遭到了失敗，這個政權才在無意中給張愛玲那種非政治性文學提供了難得的機會。

同時，在戰爭年代中，不論是內地重慶還是淪陷的上海，廣大讀者都過着寒酸、枯燥的生活，他們寧可多看些富於娛樂性的作品，而不太願看帶政治色彩的文學著作。張愛玲的小說，雖然也以當代爲背景，然而涉及的都是人際關係而非社會爭端；雖然也有嚴肅道德的弦外之音，然而，表面上讀之卻令人快樂、妙語連珠。這就是張愛玲作品在戰爭年代風行一時的原因。

張愛玲《流言》中的散文，也以她豐富多彩的語言，和對中國社會及文化的洞察力，使人留下深刻的印象。關於前者，可舉許多例子來說明，在此，只是隨便從〈忘不了的畫〉中舉出一例：

還有《南京山裡的秋》，一條小路，銀溪樣地流去；兩棵小白樹，生出許多黃枝子，各各抖着，彷彿天剛亮。稍遠還有兩棵樹，一個藍色，一個棕色，潦草像中國畫，只是沒有格式。看風景的人像是遠道而來，喘息未定，藍糊的遠山也波動不定。因爲那倏然之感，又像是雞初叫，席子嫌冷了的時候的迢遙的夢。

這類例子中張愛玲語言之美，已把散文上升到了詩歌的水平。她在這一時期也寫過兩首詩，都寫得不錯，但是並不比她散文更美。在有些散文中，她對於中國語言的運用，文字千嬌百媚，確是令人賞心悅目。

張愛玲在其散文中，以無情的誠實態度來探究中國社會、文化及其他問題。她以尖銳的洞察力和聰慧的感受力來體察周圍世界，引人注目。在散文〈中國人的宗教〉中，任何研究中國社會的人都能發現從中反射出來饒有趣味的至理名言。

她的基本結論是，生活在集體主義式社會中的中國人，注意力集中在「今生」的生存，而不是來世，因此，無論何種宗教，在中國只能起點陪襯作用，如她在這篇散文最後所寫的：

對於生命的來龍去脈毫不感到興趣的中國人，即使感到興趣也不大敢朝這上面想。思想常常漂流到人性的範圍之外是危險的，邪魔鬼怪可以乘隙而入，總是不去招惹它的好。中國人集中注意力在他們眼前熱鬧明白的，紅燈照裡的人生小小的一部。在這範圍內，中國的宗教是有效的；在那之外，只有不確定的、無所不在的悲哀。

出於這樣的原因，基督教對於絕大多數中國人的吸引力不大。在中國人的心目中，來生再好也不是他們嚮往的。同樣也不能接受這樣的觀念，即人類今生的存在只是爲了永生作準備。因爲「對於自滿的、保守性的中國人，一向視人生爲宇宙的中心的，這也不能被接受。」

但是，現代中國社會在受到西方影響後，出現了兩元論。當受過教育的中國人面對着完全不同的價值和觀念時，這種兩元論使他們變得侷促多疑了，就像張愛玲所論到的：

> 在古中國，一切肯定的善都是從人的關係裡得來的。孔教政府的最高理想不過是足夠的糧食與治安，使親情友誼得以和諧地發揮下去。近代的中國人突然悟到家庭是封建餘孽，父親是專制魔王，母親是好意的傻子，時髦的妻是玩物，鄉氣的妻是祭桌上的肉。一切基本關係經過了這許多攻擊，中國人像西方人一樣地變得侷促多疑了。而這對於中國人是格外痛苦的，因爲他們除了人的關係之外沒有別的信仰。

在散文〈洋人看京戲及其他〉中，她注意到京戲有將許多感情簡化成公式的傾向，而在簡化過程中，把人性的複雜性和多樣性丟掉了。她寫道：「歷代傳下來的老戲給我們許多感情的公式。把我們實際生活裡複雜的情緒排入公式裡，許多細節不能不被剔去。」

張愛玲純以個人作本位，在中國傳統戲劇裡有常人未見的觀點：

不知道人家看〈空城計〉是否也像我似的只想掉眼淚。爲老軍們絕對信仰着的諸葛亮是古今中外罕見的一個完人。在這裡，他已經將鬍子忙白了。拋下臥龍岡的自在生涯出來幹大事，爲了「先帝爺」一點知己之恩的回憶，便捨命忘身地替阿斗爭天下，他也背地裡覺得不值得麼？鑼鼓喧天中，略有點淒涼的況味。

以女性作本位，她看到大多數京劇男性觀眾所忽視的：

〈紅鬃烈馬〉無微不至地描寫了男性的自私。薛平貴致力於他的事業十八年，泰然地將他的夫人擱在寒窯裡像冰箱裡的一尾魚。有這麼一天他突然不放心起來，星夜趕回家去。她的一生最美好的年光已經被貧窮與一個社會叛徒的寂寞給作踐完了，然而他以爲團圓的快樂足夠抵償了以前的一切。他不給她設身處地想一想——他封了她做皇后，在代戰公主的領土裡做皇后！在一個年輕的，當權的妾的手裡討生活！難怪她封了皇后十八天就死了——她沒這福分。

許多年後的一九七六年，她在〈談看書〉一文中更擴充了她的見解，她寫道：

原因我想是中國人與文化背景的融洽，也許較任何別的民族爲甚，所以個人常被文化圖案所掩，「應當的」色彩太重。反映在文藝上，往往道德觀念太突出，一切感情順理成章，沿着現成的溝渠流去，不觸及人性深處不可測的地方。現實生活裡其實很少黑白分明，但也不一定是灰色，大都是椒鹽式。

從張愛玲對中國社會的看法中，不難找出一些必然的結論。與其他民族相比，由於中國社會的注意力集中在今世，並最注重生活藝術和人際交往，因此，與其他國家相比，中國人在諸如政府組織的形式和結構、書信往來、文章和詩歌方面都表現出色。更世俗等方面，中國是烹飪、刺繡和織毯的大師，都可歸因於此。

另一方面，統治了西方大多數哲學家達幾個世紀的命題，如「人生的意義」這種抽象思想，中國歷代的哲學家（莊子例外）卻鮮有涉足顧問的。同樣，對人類內心世界的活動也不感興趣，以至於直到今天，中國在心理學方面仍是落後。

中國的評論家無論他有多高明，如果沒有以一種局外人的觀念來探究過中國文明，都是難以作出這些結論的。這就更加突出了張愛玲，她侃侃而發這些高論時才二十五歲，而且還未眞正在國外生活過。

張愛玲年紀輕輕就出了名，難免有些飄飄然。她覺得事實證明她選的職業是正確的，她母親爲她作出的犧牲也是值得的。成功也爲她帶來了物質報酬，經過幾年的經濟拮据，自然是多多亦善。有一段時間中，她簡直成了做衣狂，按照十九世紀的式樣自己設計定製，穿着它上街，引起過路人的好奇。她有貼心人共享她的快樂，例如與她生活在一起的姑姑、還有炎櫻、以及更重要的人物胡蘭成——她正熱愛着的新婚丈夫。

正當張愛玲攀上文學成就巔峰的時候，她的私人生活也來了個急轉彎。南京傀儡政府的一名官員胡蘭成，在看過張在雜誌上發表的一篇小說後，印象極深。他弄到了她的住址並往訪。由於張極少接待訪客，對這個陌生人也不例外，胡只能留下一紙名片，悃悵而去。不料第二天張反過來往訪胡，他們的談話意氣相投，不覺長談了五個小時。很明顯，張對胡的文學著作很熟悉，對他的才華也有讚賞之意。從此，胡就成了她公寓中的常客。儘管胡已結過婚，張愛玲還是與他談戀愛。在他們見面之前，胡蘭成的婚姻原本就要終結，這樣一來就徹底瓦解了。一九四四年七月，張胡兩人不拘禮節地結婚了，婚書上寫：胡蘭成張愛玲簽訂終身，結為夫婦，願使歲月靜好，現世安穩。唯一的證人是炎櫻。那年，張二十四歲，而胡是三十七歲。

胡蘭成出生在上海南部浙江省紹興附近一個貧窮的家庭中，他確有文學才華，早年經歷過不少艱苦奮鬥，終於提升到《中華日報》的主編。南京成立傀儡政府時，正急於招兵買馬以充實宣傳部，胡心甘情願接受了他們的招募，並晉升到宣傳部副部長之職。但是，在傀儡政府中權力之爭顯然比普通政治中間的鬥爭更為劇烈、殘忍，因此，胡蘭成的烏紗帽並沒有保住多久。

在張愛玲的心目中，胡蘭成是一個舊式有學問的人，慣常穿一襲中式長袍，態度和藹，外表也討人喜愛。年齡雖然比張愛玲大了十三歲，然而，對於過去生活中缺乏慈父的張愛玲來說，年齡的差異反而增加了吸引力。過去，她又慣於把外面的社交世界關閉在她的運行軌道之外，男人很少有機會闖進她的生活中去，因此，當第一個男人一旦闖入的話，就會筆直走進她的心裡。就好像她鎖上了門，關起了窗，但是卻忘了收好保險箱的鑰匙，因此，第一個男人一旦走進了房門，就很容易攫住所求的。

對於張愛玲來說，這是一次眞正的初戀，也是頭一次結婚。她生性不喜見人，但是畢竟還沒有打死結，她還是初次遇到這麼個以爲堪以託付終生的人，而且胡蘭成的年齡也無疑使她頗有安全感。張愛玲對胡充滿了一種浪漫的崇拜感情，這種感情與其說是出自一位極通世故的作家，倒不如說是出自一個學齡的純潔少女更爲恰當。在一幀送給他的照片上，張愛玲題寫道：「見了他，她變得很低很低，低到塵埃裡，但她心裡是歡喜的，從塵埃裡開出花來。」胡平時住在南京，爲南京傀儡政府的宣傳部工作，因此每月只能花十天去與張愛玲相會，這就使這段婚姻更顯得富於情調，並維繫着浪漫的熱情。有時候，張愛玲會說：「你的人是眞的麼？你和我這樣在一起是眞的麼？」

使得胡很尷尬。他們談着談着，卻不得不又要小別了。張愛玲建議胡蘭成將來可改名爲張招，因爲無論天涯海角，張愛玲都會招手呼喚他。胡蘭成雖有時有錢給她，事實上，張愛玲的收入可能比胡還多，然而，她也像一般做人妻者，偶而從丈夫處收到錢款，也會感到高興，用這筆錢去定做一件自己設計的裘大衣，或買些奢侈的玩意兒做紀念品。

胡蘭成已結過兩次婚，對付女人頗有經驗，然而，他欣賞張愛玲與眾不同的氣質，她的外表美以及文學才華。她所受過的西方教育以及出身門第，也使胡羨慕不已，因爲這些也正是他所缺乏的。最使胡震動的是張對世事的天眞簡直到了令人吃驚的地步，因爲張的小說無疑會令讀者覺得作者的洞察力是成熟的，見地是世故的，讀者——包括胡蘭成在內——都會想當然地認爲作者是一個閱識極廣的女人，很可能年紀不輕了。而實際上，由於長期來害怕社交往來，甚至避開社會，因此張在處理繁複的日常生活事宜時，難免顯得手足無措。胡蘭成卻深諳中國社會的習俗禮儀，總是亦步亦趨，循規蹈矩，而張愛玲則輕視這種虛套，認爲完全沒有必要，因此直言不諱，坦率無忌，對此，胡蘭成不免驚奇。

至於胡蘭成對張愛玲的愛，就像許多中國舊式文人所持的態度，並不認爲結婚只能是一夫一妻制的。在長時間因公出差在武漢的時候，他認識了一個護士小周，她確實很小，只有十六歲，他很快誘姦了她。一九四五年三月，他返還上海，與張愛玲一起待了兩個月，隨後又去小周那裡待到八月份。這年夏天，日本以及南京傀儡政府宣佈投降，張無疑對於中國人民從此結束了受苦受難的黑暗年代而歡欣，然而，中日戰爭結束之際，也正是她個人命運急轉直下之時。

儘管她從未當過漢奸，但是，從重慶回來以勝利者自居的國民黨看來，她留在上海便是對國民黨事業的不忠，何況，在淪陷時她還春風得意過。有些人甚至認爲，單憑與漢奸結婚一項，就該受到譴責。爲了她在戰時的行爲，在一九四五到一九四六年間，她受到了攻擊，使她不得不在另一個序言中澄清她的清白。正如她公開聲明的，張愛玲確實不問政治，儘管她確實曾有過一次近便地利用胡的影響，把柯靈從日本人監獄中釋放出來，但是她與胡的結合，肯定不是自覺地出於政治目的。柯靈是她的朋友，正在將她的〈傾城之戀〉改編成劇本，總不能眼看着朋友有難不出手相救。

因此在四十年代後期，張愛玲明智地保持一種低調的形象，並轉而寫電影劇本，如〈不了情〉和〈太太萬歲〉，都頗受歡迎，評論界也口碑甚佳。她曾將「金鎖記」也改寫成電影劇本，拍片時卻因故半途而廢。事後看來，她當年急不及待地出版她的集子，還是很有遠見的，因爲在戰後時期，文學界的氣候又轉向了。

與此同時，胡蘭成因爲是個漢奸，隨時隨地有被國民黨逮捕的危險，故而不得不設法逃亡，東竄西突，最後逃到了上海南部幾百里外的溫州。他有個姓斯的老同學幫了他許多忙，斯的父親有一個妾（並非斯的母親），她在溫州有親戚，故而自願陪胡蘭成同去，但是在他們抵達溫州之前，他就與比他歲數大的斯太太私通了。到了溫州她的老家後，胡就與她一起安頓在那裡，過着長期的寄居生活。

自從胡蘭成出逃後，張愛玲曾在經濟上支持着他。一九四六年二月，她又親自去看他，自己住在當地一家小客棧中。久別之後，他們各自有許多話要傾訴。對張來說，是聆聽一個流落異鄉的親人訴說在流浪中所經歷的考驗；對胡來說是關心與他隔絕已久的外界最新消息。很明顯，張對他的感情依舊沒有變，她告訴胡，她是心中充滿着喜悅沿着他走過的路而來，還說：「在船上望得見溫州城了，想你就在着那裡，這溫州城就像含有珠寶在發光。」張愛玲雖然早已聽說過他與小周的事，她還是決定讓胡在她和小周之間作最後的選擇。這也許是因爲張有信心會被選中，也可能並不知道那時胡蘭成已與斯太太同居，所以，當胡蘭成藉口張愛玲是個不同凡響的女人，不能同其他女人相提並論，因而拒絕作這種選擇時，張愛玲自然大失所望。

在她離開溫州的前夜，她第一次去胡蘭成的住所（實爲斯太太過去的娘家）。由於胡在那裡的身分是斯太太的丈夫，爲了免得使斯太太在親戚和鄰居面前丟臉，張愛玲不得不假裝是胡蘭成的妹妹。不論張是否在這時已明白胡與斯已有了勾搭，並已背叛了她兩次，她心中肯定早已有了疑團，只是斯太太的年齡幾乎是她的兩倍，使她難以置信竟會是這個女人取代了她。第二天動身回上海時，天下着雨，胡送她上船離去。張在船上哭得很傷心，不僅是因爲這次別離，也因爲她明白她的婚姻看來已經到了盡頭。然而，當她回到家中，還是寫信去安慰他並匯錢去，要他不必擔心，她會節約開支以支持他的。

胡蘭成雖然一直害怕可能被抓起來，但是第二年，一九四七年，竟然冒着逃亡中最大的危險，到上海去待了一天，並與張愛玲有過一次短暫的會晤。然而見了面卻相互指責起來，胡蘭成因張對他的朋友態度冷淡而不滿，而張愛玲則對胡有小周和斯太太的外遇而心情惡劣，外遇一事胡已坦然承認。到了晚上，他們分了手。次日清晨，胡又來到她的房中與她告別，她緊緊抱着他並喊着他的名字，胡深深震動了，他們兩人心中都明白，這是他們最後一次會面。胡動身去了溫州，又躲藏起來。

這一年晚些時候，張愛玲收到胡的來信，說他在經濟上已可自立。稍後，張在覆信中告訴他，他們的婚姻已告結束。她費了一年半時間才作出這個決定，但是因考慮到他在難中，故而遲遲未將此決定通知他。信中要求他從今以後，既不必去找她，也不必再寫信給她，然而，她還是把電影劇本所得的稿費，作爲最後一筆饋贈寄給了他。對她來說，這是一次痛苦的決定，但是既然胡蘭成生性喜歡拈花惹草，而且他們公開破鏡重圓也絕無可能，因此，作出這個決定也是不可避免的了。歸根結柢，這是一段辛酸的愛情故事，因爲早在溫州那次會面時，她已預見到今後再也不會像這樣地去愛一個人了，感情生活也會枯萎了。令人悲哀的是，張一生中第一次也是僅有的充滿感情的愛情，卻是奉獻給一個不值得她愛的人。

一九四九年共產黨勝利了，胡蘭成不得不逃出大陸，先去了香港，稍後又去了日本。儘管年紀已經不輕，他依舊本性難移，繼續追逐女人，先是調戲一個已婚的日本女人，後來又與一個臭名昭著上海黑社會頭子的寡婦結了婚。他也寫過幾本書，大多是自傳一類的，而以《今生今世》一書最令人感興趣，透露了他與張愛玲這段姻緣中鮮爲人知的片段。他幾次試圖與張通信，但均無回覆。七十年代，他想在臺灣搞一種類似恢復名譽的嘗試，但是遭到譴責而回日本。一九八一年老死在日本，時年七十三歲。

四十年代後期，張愛玲的知名度和書籍出版都已今非昔比，意味着收入也大受影響，靠兩、三部電影劇本已難敷支出，鑒於經濟上日益拮据的狀況，張和她姑姑搬出了奢侈的赫德路公寓，在兩處暫居後，最後在南京路國際飯店後街的卡爾登公寓三〇一室定居下來。在失意的年代中，她姑姑可能在經濟上貼補過她。

第三章

在這一時期張出了兩篇帶有濃厚自傳體成分的作品，需加以深入探究，歸入到寫張愛玲自己的傳記中去。

應該考慮到文學作品有時是將人物、環境等經高度變形的一種產物，作者常亮起與己無關的幌子，有時非常像睡着時出現的夢境，人們在夢中常把他們做夢時的行爲說成與己無關，甚至以爲自己是局外人。一個作者的創作過程通常是將他們的痛苦通過變形成爲藝術作品，來達到感情因悲劇作用而得到淨化(Catharsis)。亞里斯多德認爲悲劇猶如一服清瀉劑，可把人們的肝腸蕩滌一下。張愛玲的兩篇作品，正可爲這種夢境般的變換過程，以及它們的清瀉效應，提供明顯的例子。

第一篇是中篇小說〈多少恨〉，一九四七年五月第一次出現在《大家》月刊上。原來是寫成電影劇本〈不了情〉的，後來又改成小說的形式。

故事是從一個二十五歲的女子虞家茵到夏家去當家庭教師開始的。夏先生是一個中年的商人，而夏太太是個未曾受過教育的鄉下女人，因父母之命媒妁之言才和他結婚的。家茵與她的學生，夏家八歲的女兒相處得很好，後來在了解夏先生的爲人後，與他的交情也不錯。家茵的父親在許多年前拋棄了她們母女倆，現在到上海來想得到家茵的幫助。儘管心中怨恨他，但是出於孝道，家茵還是盡力相助。

家茵和夏逐漸相愛起來，虞老頭聽到這個風聲後，要求夏在公司中給他謀個職位，誰料他在公司中不知自愛，濫用職權，還引起數起醜聞，使家茵大爲丟臉。夏先生因深愛着家茵，不便解雇虞老頭，但是最後不得已還是辭退了他。虞老頭又想把家茵賣給夏做妾，使他們兩人極端厭惡。這個計劃失敗後，他又企圖與夏太太聯合起來，因為當時夏太太已趕來上海以緩解夏提出的離婚。夏太太懇求家茵不要奪走她的丈夫，但是家茵拒絕了。

家茵雖然拒絕了，然而有兩個原因使她覺得難以與夏締結姻緣。其一，她的父親是一個十足的無賴，他會緊追不捨，毀了她的一生；其二，她擔心夏的女兒將來總有一天會怨恨夏，就像她恨自己的父親那樣，因此，假造個託辭與夏分手，使夏傷心不已。從此家茵離開上海到廈門去教書了。

這篇小說是按着歌德式(Gothic)愛情故事例如經典的《簡愛》(Jane Eyre)、或現代的《蝴蝶夢》(Rebecca)的模式寫成的，可是令人吃驚的倒是故事與張愛玲的眞實生活十分相似。女主人翁二十五歲，與張當時的年齡相仿，也是一個自食其力的女人(四十年代上海的年輕女子能自立的並不多，當然張是遠更為成功)。張在老家原來的名字既不是愛玲也不是英文Eileen，這些都是學名，她的原名是煐，家中老親都是這樣叫她的。(在她給姑姑的信上，她都簽名為煐) 讀音與茵相近，而以上海方言發音則相同。於是，烦就變成家庭中的茵或家茵。那個染有老派上等人惡習的父親形象以及可怕的後母形象，都是愛玲家庭生活中所熟悉的。夏比家茵大十歲，與張和胡的年齡差大致相當。這些還只是表面相似之處，已足以引起興趣，但是張的小說與她的生活有沒有更深刻的聯繫呢？

關鍵的聯繫是張愛玲在生活中有過破碎的愛，〈多少恨〉講的也是一個年輕女子與比她年齡大得多的已婚男子初戀的破裂，然而，破裂的原因卻截然不同，家茵和夏分手是因爲有兩個人擋住了她的路，即她的父親虞老頭以及夏的妻子。染有惡習的虞老頭對張愛玲來說是個熟悉的父親形象，這在前面已提到，但是到四十年代中期，張的父親已經與她不來往，因此不會參與到她和胡的關係中去。但是夏太太在眞實生活中是否也有對應人物呢？胡的前妻在他與張愛玲結婚之前已經與他分手，因此對他們的結合不會成爲障礙。但是斯太太卻眞是一個村婦，受的教育極少，在胡逃亡的年代與他生活在一起，張在溫州時曾會過幾次。失去丈夫的痛苦已經夠受了，但是擄走她丈夫的竟是一個比她大近二十歲，沒受過教育的女子，更叫人窩囊。不管張是否把自己婚姻的失敗歸咎於斯太太，她對斯太太不會有好感是肯定的。在小說中對夏太太無情的描寫，看來正是張對斯太太含有敵意的態度。

在眞實生活中既非張愛玲的父親、也非斯太太設置障礙，使之成爲她第一次婚姻破裂的原因。她婚姻中眞正的反派角色不是別人，正是她自己的丈夫，他一而再地背叛她，甚至在承認這些婚外戀的時候，並沒有受到良心的責備。然而小說中的夏先生可絲毫沒有反派角色的劣跡，他爲人正直、和藹、關心人，對家茵的愛忠貞不渝。男主角之姓自胡（異族）轉到夏（中華），可能也不是偶然。小說中的反派角色已轉換成由夏太太和主人翁的父親來擔任。因此，〈多少恨〉與張的眞實生活既相似又相異。眞實生活中，她的婚姻了斷了，她的愛也了斷了，因爲胡蘭成已不值得她的愛；〈多少恨〉中，戀愛是結束了，但是相互的愛卻仍完好無損。眞實生活中，胡是破壞婚姻的反派角色；〈多少恨〉中，兩個局外人引起了姻緣的破壞。眞實生活中，張是因胡兩次背叛她，而不得不與他分手；〈多少恨〉中，家茵主動與夏分手並出走到廈門。

眞實生活與小說之間的各種聯繫終於可揭示了。一九四六年或一九四七年初寫這篇小說時，張愛玲正面對着她第一次婚姻不可避免的破裂，並因此給她帶來了痛苦。對她來說，胡多次背叛她的事實是難以使她無動於衷的，於是，通過一種變形過程，只把胡蘭成身上有吸引力的部分，投影到了小說中的主角夏先生身上，使夏先生變成值得女主人翁爲他奉獻愛心的人。因此，戀愛雖然結束了，愛心卻沒有結束，電影片名〈不了情〉明白地暗示這層意思。男主人翁既然是完美無缺的，愛情的破碎就自然不能歸咎於他身上，而由另兩個人物來扮演反派角色。女主人翁主動地控制了事態的發展自己出走廈門，而不像張愛玲，她是在最後才不得已被動地與胡斷絕關係的。她對人生中之眞實事件不能控制，卻可在小說中將故事情節任由她安排。

對張愛玲在婚姻苦惱時所寫的這篇小說作了這一番比較後，可以揭示她是將一連串所謂「滿足願望」(Wish Fulfillment)的變形產物投影到她小說裡去的。就像在夢中一樣，夢通常是人們在幻境中「滿足願望」。文學作品是高度變形的一種行爲，也即把眞實的生活狀況變換成小說裡的生活狀況，但是把事實逐個轉變直到適合作者的意願爲止，作者往往是在潛意識情況下這樣做的。〈多少恨〉便是這種夢境般變形的適例，它使張在嚴重的個人危機中得以淨化。當她在婚姻中受挫時，通過小說裡改造眞實生活中的事件，使自己取得安慰和支配力。無論面紗也罷、幻境也罷，變形過程——就像人們睡夢中的蛻變——是高明的。

〈多少恨〉寫得並不好，因爲張愛玲沒有站到作者應有的適當距離來看她的素材，而以個人太多情感影響着小說。在小說的序言，張寫道：「但我覺得實在很難寫，這一篇恐怕是我能力所及的最接近通俗小說的了，因此我是這樣的戀戀於這故事。」人們從小說中所含的個人成分裡窺見她的「這樣的戀戀」，應該不會覺得奇怪。在小說的最後她寫道：「隔着那灰色的，嗡嗡的，蠢蠢動着的人海，彷彿有一隻船在天涯叫着，淒清的一二聲。」就是這艘船把家茵帶到廈門，也正是這艘船，張愛玲有一次曾乘着它到溫州（近廈門）去探望過胡蘭成，返回時在船邊，她還曾在雨中哭泣過。

第二篇帶有自傳性質的小說便是《十八春》，一九五〇年在上海《亦報》上連載。爲了遵從共產黨的判斷標準，張寫了一個樂觀的結尾，對這個結尾，張並不喜歡。六十年代後期，在臺灣重新出現時改名爲《半生緣》，但是結尾全改了，不僅比原來的好得多，而且也與小說的開頭部分更有一致性，然而原先自傳性質的成分並沒有變。

小說中的女主人翁顧曼楨是人物中的關鍵，她是一個盡孝道，有自我犧牲精神的典型中國女性。十四歲那年父親便已亡故，家庭的重擔落在了姊姊曼璐的肩上，曼璐不得已做了舞女，後來又降爲交際花來養家活口。曼楨在辦公室中與沈世鈞初次邂逅，並漸漸愛上了他。由於她姊姊的名聲不好，曼楨心中當然覺得不安。稍後，曼璐與股票掮客祝鴻才結婚，不久祝在股票市場中賺了一大票，於是財大氣粗，又到別的交際花那裡去鬼混，使曼璐憤恨不已。但是祝又對他的小姨曼楨抱有幻想。曼璐爲了把祝得能留在家中，決定犧牲曼楨做他的小妾，以實現他的夢想。曼楨自然不肯答應這一安排，於是曼璐設了個圈套誘她來家，然後任憑祝強姦了曼楨。生米既已煮成熟飯，希望曼楨在失去貞操後會有所妥協，誰料曼楨依舊不肯屈服，對他們的詭計拒不接受。她姊姊和姊夫沒有其他辦法，只能把她拘禁在他們的大房子裡。隨後，曼楨發現自己已懷孕。逃出去既不可能，她只能時時焦急地盼望世鈞來救她。但是世鈞這時也已中了曼璐的計算，以爲曼楨已離開上海和別人結婚了。曼楨被囚禁了幾個月，只有當祝雇用的助產士不能應付時，曼楨才最後衝出了牢籠，直往醫院而去，總算逃出了她姊姊和姊夫的毒手。

因此，曼楨和世鈞的分離是一齣誇大的戲劇式(Melodrama)的故事，與張在別的小說中慣用的手法大相徑庭。雖如此，小說中的襯托情節十分逼眞，事實上，當小說在《亦報》上連載後，有一天，一個女子哭着去見張愛玲，訴說在她的生活中也遭受過曼楨相同的命運。儘管如此，張採用這一手法來分離兩個情人，還是令人奇怪的，因爲任何其他手法都比這一種更接近張的風格。但是，如果非常仔細地研究一下她的〈私語〉一文，便可理解爲什麼選擇這一特別的襯托情節。

〈私語〉描寫的是張愛玲的家庭生活，時間跨越了從她出生到中學畢業這一階段，而與她父親吵嘴的情形則記述得特別詳細，前文已部分談到過。張在文章中寫道：

> 我父親揚言說要用手槍打死我。我暫時被監禁在空房裡，我生在裡面的這座房屋忽然變成生疏的了，像月光底下的，黑影中現出青白的粉牆，片面的，癲狂的。
>
> Beverley Nichols有一句詩關於狂人的半明半昧：「在你的心中睡着月亮光，」我讀到它就想到我們家樓板上的藍色的月光，那靜靜地殺

機。

我也知道我父親決不能把我弄死，不過關幾年，等我放出來的時候已經不是我了。數星期內我已經老了許多年。

正在籌劃出路，我生了沉重的痢疾，差一點死了。我父親不替我請醫生，也沒有藥。病了半年，躺在牀上看着秋冬的淡青的天。

最後，張愛玲還是逃離了她父親的家。

張愛玲患的是痢疾，而曼楨則是被強姦後懷了孕，但是她們兩人經歷的相同之處是，她們都是被自己的親屬施暴和囚禁起來的。將〈私語〉和《半生緣》（均按臺北皇冠出版社版本的頁數）中相關段落作一一比照，對研究張是如何把她自己的悲慘經歷轉嫁到小說中曼楨身上的，不無裨益。

〈私語〉

那時候的天是有聲音的，因爲滿天的飛機。我希望有個炸彈掉在我們家，就同他們死在一起我也願意。(P.152)

《半生緣》

房間裡只要有一盒火柴，她眞會放火，趁亂裡也許可以逃出去。(P.253)

大約心裡有這樣一個模糊的意念，眞要是沒有辦法，還可以跳樓，跳樓也要拉他一同跳。(P.254)

唯一的樹木是高大的白玉蘭，開着極大的花，像污穢的白手帕，又像廢紙，拋在那裡，被遺忘了，大白花一年開到頭。從來沒有那樣攏塌喪氣的花。……朦朧地生在這所房子裡，也朦朧地死在這裡麼？死了就在園子裡埋了。(P.153)

花園裡有一棵紫荊花，枯藤似的枝幹在寒風中搖擺着。她忽然想起小時候聽見人家說，紫荊花底下有鬼的。不知爲什麼這樣說，但是，也許就因爲有這樣一句話，總覺得紫荊花看上去有一種陰森之感。她要是死在這裡，這紫荊花下一定有她的鬼魂罷？(P.252)

我傾全力聽着大門每一次的開關，巡警咕滋咖滋抽出銹澀的門閂，然後嗆啷啷一聲巨響，打開了鐵門。睡裡夢裡也聽見這聲音。(P.153)

還有通大門的一條煤屑路，脚步下沙子的吱吱叫。(P.153)

花園的大鐵門也豁朗朗打開了，她忽然心裡一清。她終於出來了。死也要死在外面。她恨透了那所房子，這次出去是再也不會回去了，除非在噩夢中。她知道她會夢見它的。無論活到多麼大，她也難以忘記那魔宮似的房屋與花園，在恐怖的夢裡她會一次一次的回到那裡去。(P.287)

世鈞在樓窗下經過，曼楨在樓上聽見那脚步聲，皮鞋踐踏在煤屑路上。(P.266)

張愛玲將她自己被囚禁的經歷，明顯地轉置到了《半生緣》中，她希望折磨她的人去死，甚至不惜把自己也賠進去；花園中依稀暗示着死亡的樹；意味着逃脫和自由的鐵門叮噹聲；通向大門的煤屑路等等。有些細節已經變更過了，例如以火柴盒代替了空襲炸彈；紫荊花取代了白玉蘭，在中國古典文學中，紫荊花與死亡有些聯繫。變更得比較大的當然是以下流的姊夫代替了她暴君般的父親。但是，曼楨對出賣她的姊姊的眞實感情是很複雜的，雖然曼璐沒有像父親那樣給她生命，然而，爲了養活曼楨和一家人，她犧牲了自己的幸福，全家人都欠了她的情。在曼楨被強姦後，曼璐走進來勸她做祝鴻才的小妾，曼楨打了她一個耳光，但是：

也不知怎麼的，倒又想起她從前的好處來，過去這許多年來受着她的幫助，從來也沒有跟她說過感激的話。固然自己家裡人是談不上什麼施恩和報恩，同時也是骨肉至親之間反而有一種本能的羞澀，有許多話都好像不便出口。

一個十七歲的少女被自己父親毒打、幽禁，無疑是一種刻骨銘心的經歷。六個月來，她躺在病牀上一次次盤算著這種幽禁是如何的不公正。虐待、出賣和犯罪的感覺與這次經歷一遍遍地糾纏在一起。在緊要關頭，張愛玲從尼古爾斯(Nichols)月光詩的啓發，第一次襲來了發瘋的陰影。曼楨也是這樣，在幽禁期間，常常擔心會不會發瘋。這樣的經歷確實難以忘懷，就像張借曼楨的感覺來表達的那樣：「她知道她會夢見它的。無論活到多麼大，她也難以忘記那魔宮似的房屋與花園，在恐怖的夢裡她會一次一次的回到那裡去。」過了十年之後，她把年輕時生活中最痛苦的情節寫進這篇小說中去。無論她是否精心考慮過，寫作是一種起淨化作用的行爲——將過去某一事件創造性地改頭換面，從而使作者從創作中得以解脫，同時虛構出一幅美好的、富於想像力的圖畫來。

由此觀之，張愛玲把她的女主人翁置於相類似的煉獄中去也就不足為奇了。只有將曼楨姊姊陰險的出賣行為和她姊夫強暴的獸行合在一起，才能抵得上張受父虐所迸發出的恐懼，討厭強度的總和。曼楨的貶損相當於張愛玲的貶損，最後她逃出了殘忍的魔掌，也就變成了作者自己逃脫和勝利的表白。重新活過這段痛苦之中，重新寫它，重新克服它是一種清瀉治療，因此，乍一看在《半生緣》中曼楨和她所愛的人如此分手，似乎不像是張愛玲的一貫手筆，但是，一旦熟悉了張的私人生活，就會覺得合情合理的了。

兩篇小說的變形效果並不相同。張愛玲被乃父幽禁已事隔十年左右，可以平靜地以作者應有的距離來對待，因此，對《半生緣》中的曼楨，張在自我認同和超脫之間取得平衡，效果是寫出一部極富感情強度的悲劇。而在〈多少恨〉中，張仍處在自己生活的緊要關頭，從她失敗的婚姻中摸索頭緒並設法控制它，因此，變形過程雖然也饒有趣味，然而必要的超脫卻不見了，結果是寫成了一部傷感太甚的愛情小說。

人們有很多理由把張愛玲當作一位非個人的小說作家，通常，在她的小說中，是看不見她自己的個性的，但是每一個場景和觀察又透露出她自己的敏感和風格來。然而，這兩篇作品卻難能可貴地讓人們窺見到她把自己的生活情節變形爲小說。每年，因錯判而蹲大牢的人可能上千數，因婚姻破裂而痛苦的人則更多，但是因此而寫出藝術作品的人卻是鳳毛麟角，只有才華過人的藝術家們才能創作出來，其過程對局外人來說總是一個謎。從這兩篇小說看出變形過程，即使很有限，也是長見識的。艾略特(T.S. Eliot)曾說過：

「一個詩人一生的抗爭，就在於將他身受的個人的悲苦，變形成豐富和奇特的，屬於全人類而非個人的文學品。」

「The struggle which alone constitutes life for a poet·····to transmute his personal and private agonies into something rich and strange, something universal and impersonal.」

第四章

四十年代後期，內戰正處在白熱化階段。國民黨雖然兵多將廣，武器精良，卻不是共產黨的對手。國民黨由於內部腐敗，國民經濟又失控，不僅導致戰場上屢戰屢敗的局面，也失去了民心。與此同時，由毛澤東所領導的共產黨卻取得節節勝利。更有甚者，通過他們與左翼知識分子的聯合宣傳，共產黨在很大程度上，爭取得到民心。一九四九年，國民黨被迫撤到臺灣去了。

共產黨的勝利終止了自鴉片戰爭以來西方列強在中國所享有的特權。五十年代初，也首次為中國人民帶來了長久以來所得不到的和平和秩序。在未來的幾十年中，共產黨在許多領域都將取得成就，同時在其他方面也有慘痛的失敗。在文學這一領域裡，毛澤東很感興趣而親自顧問，在一九四二年他的〈在延安文藝座談會上的講話〉一文中，他的觀點歸結爲文學必須爲政治服務，藝術成就的高低則是次要的。「**內容愈反動的作品而又愈帶藝術性，就愈能毒害人民，就愈應該排斥。**」當時只有在延安根據地的共產黨作家才把它當作至理名言。隨着共產黨統治了全中國，毛澤東的指示傳遍了全國，這個以政治統帥文學的指示直到八十年代才撤去，而在頭三十年中，作家們無論才能有多大，要在這一束縛下寫出第一流的作品，難乎其難。

根據五十年代初共產黨的標準，張愛玲過去的作品都將歸入小資產階級一類，雖然沒有得到政府的讚賞，但是畢竟沒有觸犯刑法，事實上，與後階段相比，這一時期的審查還是比較寬鬆的。張愛玲就是在那時上海出的《亦報》上連載了她的小說《十八春》。爲了與共產黨小說的模式相適應，她用了一個樂觀的結尾。另一篇中篇小說〈小艾〉也發表在同一份報紙上。在這篇小說中，爲了迎合無產階級文學的需要，她選了一個在有錢人家當女傭的小艾為中心人物，小說的絕大部分仍保留她的精緻和自然的個人風格。結尾也是皆大歡喜，以便統治文壇的正統人士能夠接受。一九五〇年她甚至還被邀請參加在一家電影院中召開的作家會議。她穿着一襲旗袍外面套一件白色鏤孔絨線衫，出現在一群藍色人民裝的同行之中，簡直是絕無僅有。但是，張愛玲意識到歸根結柢，如果她不是情情願願地爲掌權的共產黨理想寫歌功頌德的文章，她在上海就沒有前途。而且她也不能保證求得到這類職位。面對這一極其明顯的現實，她別無辦法，只有出走一途。戰時，她在香港大學的課程突然中斷，於是，她藉口去香港繼續求學，申請出境。公安局對她的寫作背景並未仔細研究，可能因爲她用張煐名字申請，使她總算拿到了出境證，並在一九五二年動身去香港。動身前，她有機會在上海附近的農村待了一段時間，這段經歷便是後來她寫《秧歌》的基礎。她也重訪杭州一次，再見西湖美景，後來成她《五四遺事》的背景（有中英文版）。這是一個諷刺式故事，目標是自尙摩登，亂追西方文明的年輕人，庸人自擾，結果弄得一團糟，與她童年時所寫女主角自投西湖的故事，大不相同。

從上海到香港的旅程中，羅湖橋是最後一站，它是上海到香港陸上必經之路。羅湖橋的橋面由粗木舖成，橋的兩端由中英兩方的軍、警崗房封鎖。香港警察把入境證拿去檢查時，張愛玲和從中國一起出走的人群眼巴巴地等着，等的時間很長，只見香港警方一名穿着很神氣的廣東警察，傲慢地在柵欄旁踱來踱去，這群人則等在另一端。有一個孩子氣模樣的共產黨守衛和他們在一起，他穿着一件縐巴巴胖鼓鼓的制服，看樣子是北方農村來的年輕戰士。在仲夏的烈日下曝曬了一個小時後，年輕戰士開腔了：「這些人！大熱天把你們擱在這兒，不如到背陽處去站着罷。」他邊說邊示意讓他們退到一塊陰涼之處，但是，他們全都客客氣氣地笑了笑，包括張愛玲在內，沒有一個人採納他好意的建議，依舊緊緊地貼在柵欄上，擔心會在另一端入境時掉了隊。儘管沒有領他的情，就在那片刻間，張愛玲仍是最後一次領略了自己同胞的溫暖。

這是張愛玲第二次來香港，十三年前，她第一次來上大學，待了三年光景，那時她覺得香港是個帶異國情調和令人興奮的城市，她的好幾篇膾炙人口的小說便是以香港爲背景的。在過去十年中，她已成爲一個知名度很高的作家，但是，她的筆墨生涯的巔峰時期是一九四五年左右，從那時起，她就或多或少地滑坡到被人遺忘的地步。目前，要在陌生的城市中重新開始，好像又退回到了起跑線上。第一次來香港時，她覺得在上海總還像有個家的根基，而現在她已不能再回去了，成了完完全全的孤單的人。而且，在出門前，因擔心會引起留在上海的姑姑的麻煩，她與姑姑商定停止一切通信，使她更有飄泊無定和寂寞無依的感覺。

香港倒也許沒有張愛玲變得厲害，這個英國殖民地依舊熙熙攘攘，富於活力。朝鮮戰爭開始後，香港成了美國戰備的重要港口。城中還擁擠着從大陸來的難民，他們中有許多人像她一樣，正在出版和雜誌圈子的有限範圍內尋覓工作。原先香港在商業和文化方面都是以上海馬首是瞻，現在則已開始超越上海。但是，在一九五二年香港在文化方面還沒有足以自豪之處，事實上，多數居民仍爲生存而奮鬥。表面上她是爲上大學而離開中國大陸的，也確實在大學中登記了好幾個月，但是由於沒有基金支助而停止。她還算幸運，後來在美國新聞處(United States Information Agency 即 U.S.I.A.)找到了一份翻譯工作。在那裡她譯了海明威(Ernest Hemingway)著的《老人與海》(The Old Man and the Sea)，以及華盛頓•歐文(Washington Irving)著的《睡洞的故事》(The Legend of Sleepy Hollow)。還有《愛默森選集》(Emerson)。除海明威之外，原作均不對她口味，但爲了生活，她仍照譯。她曾說：「我逼着自己譯愛默森，實在是沒辦法，即使是關於牙醫的書，我也照樣會硬着頭皮去做的」，譯歐文，她說：「好像與自己不喜歡的人說話，無可奈何也，逃又逃不掉。」

通過翻譯工作，張愛玲與宋淇和他的妻子鄺文美相識，並成爲她終身的摯友和相助者。宋淇原是一個文學評論家，後來成爲研究《紅樓夢》公認的專家。宋淇夫婦以往對四十年代張愛玲在上海的作品仰慕不已。這次偶然相遇，他們竭誠相助，並鼓勵她再接再厲。張也因他們在文學方面的學識和興趣留下深刻的印象，尤其是形單影隻在香港，對他們的善良好客更有雪中送炭之感。起先她住在女青年會（YWCA），然而在她的翻譯作品發表後，不速之客有時會來女青年會光顧她的家，使她慌張不安。通過宋的努力，在他們公寓附近覓得一間房間，幾乎沒有生活裝備，只有一張小桌權充書桌。那時，她正用英文撰寫《秧歌》，這是她第一篇英文小說，因此困難重重。起先，她覺得與宋討論此事難以啓口，後來相處日稔，就把她的初稿給他看。儘管在英文文筆方面還有改進的餘地，但是，作爲一個母語並非英文的作家，已算寫得非常出色的了。後來紐約的查理・司克利卜納公司（Charles Scribner's）接受此稿出版。美國的書評家們對此書口碑甚佳，他們大多都讚賞不已，不過有這麼一種傾向，即他們看重的是小說的主題——在共產黨體系下中國的農村生活，而不是這部藝術作品的內在價值。後來她又把《秧歌》譯成了中文，儘管是一部文學佳作，卻遭到香港公眾的冷漠。

隨後，她又開始寫《赤地之戀》。此書在後來又譯成英文，名為《赤地》，(Naked Earth) 英文本與原先的中文本有許多不同之處。這篇小說是由美國新聞處委任張愛玲作為主要作家，還有別人協助寫成的，可是越幫越忙，使小說中部分內容幾乎下降到宣傳品的水準，恰如張愛玲想逃避的那種在大陸的應時文章，這種對她生命的諷刺勢必使她感到悲哀。總的說來這篇小說並不出色，但是她還是創造了二妞和戈珊這兩個值得一提的女配角。二妞是一個農村少女，張愛玲寫其初戀，雖出場次數不多，卻每次寫得絲絲入扣，最後一場與男主角分別，更是整本書中最震撼人心的一段。戈珊則是一個對共產主義失望而玩世不恭的女幹部，也令人難忘。張在寫此書時並不順手，那時，宋太太常往訪她的陋室，兩個女人侃談起來簡直是欲罷不能。張卻是設想周到，到了八點鐘一定要讓她回家去與家人團聚，因此，張謔稱她為「**我的八點鐘灰姑娘**。」

宋淇當時在一家電影公司工作，時時爲張愛玲着想，找機會讓她寫電影劇本，以增加她的收入。四十年代中國頭牌影星李麗華，在上海時曾與張愛玲在文華公司同事，正在香港辦自己的電影公司，通過宋淇的關係，想探討張爲其公司寫劇本的可能性。宋淇知道張愛玲不願與陌生人會面，即使電影明星也不例外，因此，他爲安排這次會面煞費苦心，最後張總算同意了。那天下午，李麗華爲了這次見面穿戴得漂漂亮亮，準時抵達，但張卻遲到了，反使李等着。李麗華平時說話隨便，三字經也會出口，但是這次會晤，李的禮貌卻特別周到，談吐也高雅。張是深度近視眼，公眾場合她不肯戴眼鏡（五十年代還沒有普及隱形眼鏡），因此看出去並不眞切，然而，卻仍對李麗華的美豔留下深刻印象。張愛玲只坐了一會兒，也沒有碰過宋家準備的點心就走了，並謝絕爲李的新公司工作，因爲她那時已清楚地意識到，作爲一個藝術家，她在香港沒有前途，而且也像其他逃來香港的人一樣，對於這個殖民地的政治前景因心中無數而擔憂，因此她決定移民到美國去。在一九五三年，美國有一個難民法令(Refugee Act)，允許少數學有所長的人士到美國來，成爲美國永久居民，以後也可再申請成爲美國公民。在整個遠東，三年中一共名額五千人，三千給予本地人，二千給外地人。張愛玲是在香港申請的上海人，屬於後者。張就想利用這個法令申請入境。申請必須有一美國公民作保，領事館的文化專員利查·麥卡錫(Richard McCarthy)曾分派過張的翻譯工作，他就當了一個保證人。

一九五五年一個秋天的傍晚，張愛玲乘上克利夫蘭總統號(President Cleveland)漂洋過海去美國，只有宋氏夫婦到碼頭來送她。十三年前她離開香港返回上海，並開創了她的文學事業，那時回家的心情是滿懷高興的，經過了這些年以後的現在，在大陸已不再能發表作品，她的著作在香港和臺灣的吸引力也很有限，她在上海的根基已經根除，而在大洋彼岸，她的經濟收入很少，又沒有固定工作，因此，她正駛向一個未知的大陸，迎接一種未卜的前程。她那年三十五歲，只能頑強地面對自己的命運。然而，當她眼看着維多利亞港(Victoria Harbor)海邊熟悉的景色在她視野中漸去漸遠，輪船駛進黑暗而寒冷的大海時，她禁不住哭泣了良久。

張愛玲的移民手續在檀香山進行，審查她文件的官員是一個矮小的日裔美國人，張身高五呎七吋，體重一〇三磅，外形苗條，這位官員，把她的身高錯寫成六呎七吋。然後輪船向東直駛到舊金山的五十號碼頭，也即她到美國的第一站。然而她待了不久就馬上乘火車到紐約市去，她要與先到那裡的炎櫻相會。

如果二十世紀眞是像有些人聲稱的是美國人的世紀，那麼五十年代當是這個美國人世紀的巔峰。歐洲各國中，無論是二次世界大戰中的戰敗國如德國、義大利，還是戰勝國如英國，都正爲國內刼後的一片斷牆殘垣而忙於修復。與此相反，美國本土並未受到一絲破壞，又是一個富庶的國家，萬能的美元統治着整個地球的經濟市場。繁榮富強的優越感使美國人在世界事務處理中的信心提高。美國已經從孤立主義走出變爲西方唯一的超級大國。

同時，紐約已步入它的黃金時代。巴黎的燈光暗淡了，倫敦的莊嚴堂皇也消失了，紐約現在已是世界金融、商業和文化的中心。戰時或戰後期間，許多歐洲藝術家和音樂家都移居到紐約來，因而成爲各國藝術交融的中心而繁榮昌盛。美國的收藏家利用他們的美元，把藝術精品運來作爲私人收藏品或送到公眾博物館中去陳列。而其中最重要的是，紐約是出版中心，出版社高度集中，像磁鐵般吸引着作家，司克利卜納便是其中之一。

但是，張愛玲不過是一個初來乍到的難民，只沾着這個光彩奪目中心的一點邊，她希望有一天也能加入進去。首先，她在哈得遜河(Hudson River)附近救世軍(Salvation Army)爲窮困的人所辦的女子宿舍安頓下來。女宿舍中的女管理人都稱作「上校」和「中校」。雖然也有年齡限制，但是有些上了年紀的老太太因與教會有關係，且也實在無處可去，也住在此處，而且看樣子要待到終點。有些在酒鬼相聚的保華麗街(Bowery)的人也作爲慈善之舉而收留進來，幹些咖啡招待的活兒，他們都是些酒鬼，其中有一個淺藍色眼睛的瘦小老頭，經常靠在咖啡爐旁。那裡也有一個昏暗的拱形大廳，臺上有一架鋼琴，臺下有許多沙發椅，但是即使「上校」們殷勤勸導，也沒有人會想進去喝茶。

張愛玲抵達紐約不久，便去拜訪胡適博士。胡適是現代中國傑出的文化領袖，曾當過駐美大使，現在則過着半退休生活。一年前當張還在香港時，曾寄給他一份中文本的《秧歌》，胡適仔細地看了這篇小說，並稱讚她平淡而近自然的風格。張愛玲對他的作品非常崇拜，故而他的讚辭她覺得寬心。既已身在紐約，現在可以親自拜訪他並爲他的鼓勵致謝。張正計劃將晚清小說《海上花列傳》翻譯成英文，胡適曾對該小說作過開創性研究，故而就這事他們討論過一番。

十一月下旬感恩節那天，張和炎櫻一起參加了炎櫻美國女友的鴨宴。當她離開時，外面的天色已晚，霓虹商標和大商店橱窗中透射出來的燈光，閃爍在清澈的夜幕中。在秋夜清新的空氣中漫步，乾乾淨淨的人行道泛出深灰色，瞬時間，紐約看起來宛如上海，她又彷彿回到了故城，使她着實高興了一陣子。但是因爲在風中着了涼，回到住所就嘔吐了。正在此時，胡適擔心她單身女士過節寂寞，來電話邀請她到唐人街參加他的聚會，她不得不婉言謝絕。

張愛玲在來紐約之前從未和胡適會過面，胡適卻認識張的姑姑和母親。在目前這種情況下，他不禁要關心這個自行其是的年輕女子。他曾到救世軍宿舍往訪她，對她的困難處境儘量安慰她。自從她離開大陸後，胡適是她生活中唯一父愛般對待她的中國文人。胡適是非常厚道的人，他讚賞她，並在小地方關照她。三年後的一九五八年，他做保證人使張取得亨亨屯·哈特福(Huntington Hartford)基金會的研究員職位；同時，送還她的《秧歌》，經他全篇圈點，並在扉頁上題字。當她看到時，感動得說不出話來。從她離開上海以來，曾遇到過好幾個中國文人，他們對她也友善相助，對她的作品也很賞識，但是都是她的平輩或晚輩，胡適是唯一的老一輩學者，幫助她和關心她，故而，當他在一九六二年移居臺北就任中央研究院院長之職而死於中風時，張爲痛失一位良師益友而心傷。

張愛玲的第一部英文小說《秧歌》雖然受到評論家們的好評，但是銷路一般，未經再版，也沒有爲張帶來多大的收入。司克利卜納出版社對她的新作品還有取捨權，但是對出版與否並不作任何許諾，而張此時並沒有固定收入，不得已，張轉而向基金會請求支助。二月十三日，她塡寫了申請書寄往位於新罕布夏州彼得堡的麥道偉文藝營，在申請書上她這樣寫道：

親愛的先生／夫人：

我是一個來自香港的作家，根據一九五三年頒發的難民法令，移民來此。我在去年十月份來到這個國家，除了寫作所得之外我別無其他收入來源。目前的經濟壓力逼使我向文藝營申請免費棲身，俾能讓我完成已經動手在寫的小說。我不揣冒昧，要求從三月十三日到六月三十日期間允許我居住在文藝營，希望在冬季結束的五月十五日之後能繼續留在貴營。

張愛玲敬啓

張愛玲請她的代理人馬莉・勒德爾(Marie Rodell)作保。勒德爾自視爲張的美國阿姨，處處照應這年輕新移民，自然樂於作保。另外她找司克利卜納的主編哈利・布萊格(Harry Brague)，和著名的小說作家 J.P.馬昆德(Marquand)做她的保證人。馬昆德之小說《普門先生》(H.M. Pulman Esq.)曾被張愛玲用來作寫《十八春》之藍本，她在香港曾見過他，他對張之作品印象很深。他們立即爲她寫了熱情讚揚的介紹信。三月二日，文藝營審批委員會同意接納她。三月中旬，她結清了第八十七街女子宿舍的帳目，從紐約乘火車到波士頓，再轉乘長途巴士到新罕布夏，到了彼得堡市區，又雇了一輛計程車到市中心外數英里的麥道偉。張愛玲在路上走了七、八小時，到此天色已晚。新罕布夏的冬天，太陽下山得早，上燈時分，她仍可看到文藝營寬廣如森林的營地。大廳則如一富家別墅，柔和溫暖的燈光自窗戶向外透出。門前車道旁，聳立着參天的高樹，樹枝灰暗地向外伸展。雖近冬末，但地上依舊處處殘雪，寒風凜凜。

麥道偉的接納爲她提供了一個臨時的避難所，她希望在這裡能寫出第二本英文小說，也即小說〈金鎖記〉故事的展開本，暫定名爲《粉淚》(Pink Tears)。她要借此在美國邁開她寫作生涯的步伐。由於〈金鎖記〉原作備受讚賞，故而她對此抱有很大的期望。就這樣，既滿懷着成功的希望，又摻和着對未知前途的擔憂，她抵達了麥道偉。就在這裡，她將與賴雅相遇，因此有了第二次的姻緣。

第五章

一八九一年，甫德南·賴雅出生在美國費城一對年輕德國移民夫婦的家中。他在一個完全按照德國生活習慣的家庭中長大，在孩提時便能說一口流利的德語。五歲前隨父母穿越大西洋到德國去探親。溺愛他的母親任他淘氣，可是他的父親活像一個嚴厲的波斯專制君主，兒子難免要受到嚴格訓練的束縛。

還是一個孩子的時候，賴雅已經能在生日或結婚儀式上按照優良的德國傳統即興賦詩，他的文學才華在當時已嶄露頭角，因此到一九〇八年他十七歲進賓州大學時，很自然地便選定了文學專業，埋頭攻讀。繼而他對美國繼承民間傳說創作的豐富著作頗感興趣，並終其一生都是如此。他也認眞地開始寫作，二十歲以前，已寫出不少詩，以及至少一部名爲《莎樂美》(Salome)的詩劇。

一九一二年秋，他又進哈佛大學攻讀碩士學位。憑藉他一部《青春欲舞》(Youth Will Dance)的稿件，被喬治·貝克教授(Professor George Baker)吸收到著名的戲劇研究組中去。《青春欲舞》一劇後來在一九一四年彼得堡召開的麥道偉戲劇節中被選中演出（距他與張愛玲在那裡相逢，幾乎早了四十二年）。著名的伊麗莎白時代的學者威廉·尼爾遜教授(Professor William Neilson)也對這個金髮的年輕人發生興趣，爲他在麻省理工學院覓到一個教英文的職位，一九一三至一九一四學年中他就在那裡教書。從哈佛大學取得碩士學位後，他好動的性格抬頭，興趣廣泛，然而常是淺嘗輒止。除了文學和教書，他又一頭栽進了棒球和攝影。一九一四年他與大學脫鈎，爲《波士頓郵報》(The Boston Post)全日工作，並設法讓報館遣他到歐洲當一名記者，報導第一次世界大戰。回到美國後，他便住在紐約的格林威治村(Greenwich Village)，並作爲自由撰稿人開始過一種變幻不定的生活，他的餘生幾乎就是這樣過的。在那裡他遇見了華萊士·史蒂文斯(Wallace Stevens)，辛克萊·劉易士(Sinclair Lewis)以及其他美國著名的文人，他們都是因他多彩多姿的個性、寬廣的知識、以及才氣橫溢的談吐天賦而被他吸引。

一九一六至一九二〇年，賴雅寫過各種類型的文章發表在諸如《新共和國》(The New Republic)、《哈潑》(Harper's)等雜誌，及《星期六晚郵報》(The Saturday Evening Post)上，內容則從英國詩人濟慈(Keats)到外國烹飪，無所不包。他就像在百科全書中遊蕩，涉獵了許多論題，尤其是有關美國方面的，對此他有一個理想化的見解，他確信美國中西部是美國文化的中心地，必將產生出偉大的美國小說來，而又不忽視着制度上的缺陷，放眼於這個國家的過去和未來。

一九一七年他與麗蓓卡·奧威治(Rebecca Hourwich)結婚，然而他的性格並不適合過婚姻生活，他覺得安安穩穩的常規工作不合他的口味，職責也受諸多限制，他喜歡過一種豐富多彩的生活，這就不免對家庭照顧得很糟糕。此外，他愛享受豪華的生活，例如結婚時他父母送他一筆錢作賀禮，這筆錢本應作裝修傢俱之用，他卻到紐約最豪華的飯店去花掉了，以至於當他父母要來看他時，他不得不事先把其他東西典當來租傢俱。他所要的自由簡直比最自由的婚姻還要放任。麗蓓卡·賴雅則是一個活躍的女權主義者（十六歲便加入進軍華盛頓爲婦女投票權示威遊行）、和平主義者（曾遊行反對美國捲入第一次世界大戰）。結婚後，她仍獨立地追求她的主義，而賴雅則在各個城市和國家中遊歷。因此，他們的婚後生活在雙方默契下總是勞燕分飛的局面居多。他們生了一個女兒，取名霏絲(Faith)。看來女兒倒使他着了迷，然而卻又不肯爲家庭日常生活操勞所束縛。一九二五至一九二六年間，他和麗蓓卡商定要過一種較爲正常的夫妻生活，因此在緬因州(Maine)的羅賓漢

(Robinhood)一起過了一年有餘，然而，卻反而使他們倆的差異更無法調和，因此雙方同意分手。一九二六年在麗蓓卡的要求下終於離了婚。在以後的歲月中他雖然結交過不少動人的女朋友，但是沒有一個女人願意或有本事和他結婚，直到張愛玲出現。

一九二〇年，他在《麥克勞氏雜誌》(McClure's)上連載發表了一篇名爲〈人，虎，蛇〉(The Man, the Tiger, and the Snake)的中篇小說，獲得二千美元的稿酬。他跑到歐洲去，先後旅居在巴黎、柏林、英國及土耳其，並趁機往訪了更多的文學界重要人物，例如歐查·龐德(Erza Pound)(他對中國舊體詩有極大興趣)，詹姆斯·喬伊斯(James Joyce)及福特·馬陶克斯·福特(Ford Madox Ford)等。他好動的性格使他在各地停留的時間都不長。自從一九二六年與麗蓓卡離婚後，他把時間分成兩大塊，一塊是住在紐約布魯克林(Brooklyn)的公寓，另一塊是住在世界各國。什麼時候他需要錢用，他就把小說或文章出售給諸如《女士家庭雜誌》(Ladies Home Journal)和

《紅皮書》(Red Book)等刊物。在二十年代後期，他費了大部分時間辛苦地寫出這些文章，但是也阻擋了他寫可使他獲得長盛不衰名望的嚴肅作品。

一九三一年八月，他的一個年輕朋友約翰·赫斯頓 (John Huston 後來導演過著名電影〈馬爾提的鐵鷹〉(The Maltese Falcon)及〈大蜥蜴之夜〉(The Night of the Iguana)來電話邀他爲好萊塢電影寫作。那時他有兩項寫作計劃，其一是一篇小說；其二是他極愛好的撲克牌遊戲的歷史，卻不得不因此中斷，因爲好萊塢有聲電影剛如日中天，可以賺大錢，使賴雅難以抗拒。隨後的十二年中，他雖然需要在紐約或歐洲城市待一長段時間來使自己恢復活力，可還是在好萊塢租有長期公寓。一九三一至一九四二年他專心於寫作電影劇本。他具有一切有利條件來做一名優秀的電影劇作家：能麻利地寫出又快又好的作品、深諳對白的妙用、才智過人、以及對快速移動情節的感受等等，然而，他從來沒有達到過好萊塢第一流作家的高度，部分原因是他常愛從這個公司遊蕩到那個公司，例如 RKO、派拉蒙、哥倫比亞及米高梅等等，部分原因是他並沒有在電影王國當第一流劇作家的慾望。儘管如此，他所得到的報酬還是很可觀的，即使最短期的合同也有每周五百美元之多，這在三十年代是筆大數目。他的才能也是公認的，他的名字在很多電影中出現過，包括〈崎嶇之里程〉(Riding a Crooked Mile)及〈斯大林格勒的好男兒〉(The Boys From Stalingrad)。此外，他還對許多其他影片的電影劇本做過貢獻。

三十年代中期，賴雅變成一個忠信的馬克斯主義者，然而他終其一生未加入共產黨。他的岳父是一個革命家，曾一度被流放到西伯利亞，後來又逃出俄國，曾向他介紹過馬克斯主義學說及各種形式的社會主義，並引導他嚮往左派的思想體系。賴雅對受壓迫的人總有一種出於自然的同情心，並深信美國的「普通人」(Common Man)的觀念，可說是一個理想主義的信徒，因爲這一觀念與馬克斯主義教條的某些方面不謀而合。此外，在大蕭條期間，好萊塢也爲助長這些觀念提供了溫牀，因此在三十年代後期，他在勞工辯論中愈來愈活躍，又作爲電影作家協會(Screen Writers Guild)的代表，與哥倫比亞電影公司辯論時作證，並與罷工的工人站在同一戰線。賴雅的新信仰也對他的外表發生明顯的變化。二十年代，他是一個頗有魅力的男子，穿着也入時，但是到了三十年代，這種風度翩翩的外表已不復可見，代之以另一種穿着，能使人一望而知是資產階級的對頭。

好萊塢的十二年，雖然豐衣足食，報酬優厚，但卻也縱容了他的弱點，放任了他的慾念，以致不能寫出嚴肅的作品來。好萊塢也使他有機會來抒發他那才氣橫溢侃侃而談的天賦，因爲雞尾酒會上總有賴雅現成的聽眾。他的風采和幽默使他到處受到歡迎，只要他在場，就毋需其他娛樂款待了。他對朋友之慷慨也同樣出名，不論是食品、飲料、書本還是想法，總是把最好的貢獻給朋友。他會花許多時間來修改別人的編稿，也有本事深入領會別人的作品。他爲那些不及他有名氣的美國作家，貢獻出自己的時間和金錢，也力圖使他們的作品得以錄用。他曾爲捷克記者和德國舞臺導演移民到美國做保證人。對別人的過錯總是寬大待之，因此，他是世人中少有的沒有敵人的好好先生。

得到他幫助的作家中有一位便是德國劇作家貝托爾脫·布萊許脫(Bertolt Brecht)。一九二七年賴雅訪問柏林時與他第一次相遇，他在美國出名之前，賴雅早已在宣傳他的作品。當年布萊許脫從納粹德國逃亡出來，賴雅曾資助過他，並將他的家眷設法弄到美國，在加州的聖太·莫尼卡(Santa Monica)定居。只有少數美國本地作家與布萊許脫成爲朋友，而賴雅便是其中之一。他們過從甚密，兩人至少合作過兩部電影劇本，並試圖出售給電影公司。賴雅還對布萊許脫的幾部戲劇，在寫作過程中和隨後使作品問世方面都作過幫助，而布萊許脫在理解馬克斯主義的基本知識方面，又是賴雅的老師。一九四七年布萊許脫離開美國後，有段時間賴雅還擔任過他在美國的文學正式代理人。

布萊許脫曾邀請賴雅到歐洲去進一步合作。他的名聲在四十年代扶搖直上。一九五〇年左右，賴雅到柏林去訪他，滿心希望聯手起來大幹一場，殊不料布萊許脫被自己手下的一幫人包圍着，而且對賴雅的態度與幾年前判若兩人。賴雅覺察出他發出的邀請原來是次虛邀，自食其言，更因見他那種敬而遠之的態度而生氣，因此提前返回美國，爲此還沮喪了一段時間。布萊許脫爲了挽回他們的友誼，寫了幾封信給他，但是並無回覆。即使如此，賴雅對布萊許脫的忠誠不變，談論到他時言語也從不尖刻，而且仍舊花了自己不少時間來宣傳他的作品。布萊許脫也是共產黨人，其專長爲共他人之產，他常偷取他人作品或主意。人家幫他創作的地方，他從不公開承認，即使他牀邊人，不論女的還是男的，也一律受他利用。

一九四三年，賴雅不幸摔斷了腿還輕度中風，在隨後的歲月裡，中風時有復發，故而在他過了知天命之年以後的十年中，已遠不如年輕時那樣強壯了。他的健康狀況還消蝕了他寫作的信心，在他的日記中曾多次承認他感到恐懼。一九五四年初他六十三歲時，他又一次因輕度中風而住進醫院。與布萊許脫分道揚鑣後，他較專心於自己的寫作計劃，即一部歷史傳記，兩部戲劇和兩部小說，但如今他精力有限，因此這些作品因並未充分宣傳，故而除傳記外都未出版。一九五五年他取得麥道偉文藝營的入營機會，在這裡，賴雅希望能將身體重新積聚力量，爲重展雄風抓緊最後的機會。一九五六年冬，就在這裡張愛玲與他不期而遇，走進他的生命裡來。

第六章

麥道偉文藝營座落在新罕布夏群山之中。登山瞭望，前可俯瞰莫那特諾克(Mount Monadnock)峰巒，後可流覽總統山脈(Presidential Range)，景色宜人。文藝營是由四十多所房舍構成的建築群，其中包括二十八所大小不一彼此分開的藝術家工作室、一所圖書館、十來所宿舍和一所文藝營大廳(供作大型社交中心和管理中心之用)。這些房舍有的建在草坪上，有的則建在一片中等規模的森林中，佔地面積四百二十英畝。林地中分散着小巧的工作室或農舍式別墅，小徑蜿蜒其間，與周圍的聳天大樹相映成趣。循徑遠眺，彷彿直指青天。

文藝營創建於一九〇七年。創建人是著名作曲家愛德華·麥道偉的遺孀——瑪琳(Marion)·麥道偉夫人。當時她已五十歲,在隨後的四十九年中(麥道偉夫人享年九十九歲),她爲了維持文藝營的開支,以獨奏音樂會的形式各處募款,演奏的節目當然都是她已故丈夫的作品。創建文藝營時的設想,是讓許多有才華的藝術家得以擺脫世俗生活的干擾,而在文藝營提供的寧靜條件下從事創作。營中日常生活安排大致是這樣的:早晨集中在一起共進早餐,餐畢,都回到自己的工作室各抒其才,埋頭終日。爲了避免打擾他們創作構思的連續性,管理中心周到地想出將午餐籃子放在工作室入口處的辦法,任他們隨需隨取。下午四時前不允許集會,四時後,藝術家們又可重新相聚,或娛樂,或談話,或喝杯雞尾酒。晚餐則在文藝營大廳中進用。

張愛玲來到文藝營後,安置在女子宿舍,並分配一間她自己的工作室。在她一生中還從來未經歷過如此寒冷的冬天,氣溫有時降到華氏零下十度(約攝氏零下二十三度),在冬季最冷的夜晚,氣溫甚至會降到華氏零下三十度

（約攝氏零下三十四度）。面對這種天寒地凍、冷冽徹骨的天氣，張愛玲還眞費了些時日才能適應。此間環境幽靜，與紐約的擾攘恰恰形成鮮明的對比。在此地，只有那些活潑竄蹤的松鼠，才是她白天唯一的伙伴，而且還只能從窗口，瞅着牠們。在社交時，張愛玲看得出這裡眞是一個藝術家的大雜燴，就事業領域而言，從音樂到雕塑，式式皆全；就氣質風格而言，從通俗到奔放甚至怪誕，面面俱到。然而，她來這裡既非爲了享受幽靜的環境，也非爲了社交聚會，她來這裡的目的是爲了借此地之一角，創作出她的第二部英文小說，然後設法爭取商業出版，從而使她在美國能覓得一個可供安頓的小天地。

三月十三日，張愛玲第一次遇見賴雅。到第二天，方有機會作幾分鐘的小談，賴雅覺得她既莊重大方，又和藹可親。從片刻談話中也了解到張愛玲從香港到美國才六個月，一直待在紐約。那次邂逅的兩天後，一年之中最猛烈的暴風雪襲擊了這一地區，麥道偉文藝營廣袤的大地上披上銀裝，大家都擠縮在大廳中。張愛玲和賴雅則在迴廊上、營地成員互訪時間、以及晚餐桌旁彼此談得逐漸深入。到了將近三月底，他們開始互相到對方的工作室作客。四月一日，他們並肩坐在大廳中共享復活節正餐。幾天後，張愛玲覺得和他已熟得可以將她的小說《秧歌》給他看了。賴雅讀後覺得文筆優美。接着，賴雅按往常那樣，以他生活中的奇聞異遇，例如死亡谷的故事來款待她和他的其他朋友。未幾，他們開始互相單獨來往，談話主題轉向中國書法藝術、中國政治著作（包括共產主義的和反共產主義的）。這段時期，賴雅還對張愛玲的小說新作《粉淚》的結構提供意見。到了五月初，他們彼此已覺得很投趣。在賴雅五月十二日的日記中有這樣一行字：去房中有同房之好(Went to the shack and shacked up)。

張愛玲雖然結過一次婚，而且這時也不再是一個羞答答的少女，但是，她始終是一個矜持的女人，因此人們不免會感到驚訝，為什麼這一次的羅曼史會發展得如此之快。其實，張愛玲已意識到自己既寂寞又像是片無根之萍，儘管已搬到彼得堡來住了，但是這種居無定處、事無定職的漂泊感卻依舊故我。在這裡，她不僅要適應東西方文化的轉變（在紐約，她至少還有亞裔朋友和唐人街），還要從她所習慣的大城市生活調整爲鄉村式的生活。但是，最令她焦躁不安的是她的經濟狀況。文藝營雖然慷慨地提供食宿，然而，並不支付薪水，因此張愛玲收入全無。更糟糕的是，藝術家在這文藝營逗留都是有限期的，冬季爲四個月，而夏季則更短。到六月底，張愛玲就得離開此地。申請延長雖然也有可能會獲批允，但是誰也說不準。她爲自己朦朧的未來因心中無數而感到焦慮。面臨多方面的窘迫，她選擇了賴雅作依靠。賴雅是個熱情而又關心人的男人，對她的工作既有興趣，對她的幸福也很關懷，這樣，生活的掙扎促使張愛玲挑中了賴雅。

然而，賴雅也正爲他自己未卜的前途而掙扎着。他在麥道偉文藝營的限期是五月十四日，此後，雖然他已獲准在耶多（Yaddo）（紐約州北部另一個文藝營）逗留六個星期，但是期滿後，他也有居無定處之苦。在他告別營地時，張愛玲堅持要送他到車站，在那裡他們單獨待了半小時。張愛玲傾吐了她的感情，還談到了她的代理人、出版商、美國市場以及她經濟上存在的問題。儘管她自己也很拮据，她還是送給賴雅一些現款作爲道別禮品讓他帶到耶多去。賴雅爲她那懇切與體諒人而感動。

抵達耶多後，賴雅覺得此地頗爲舒適。既已定下心來，便與張愛玲經常通信。張愛玲在麥道偉逗留的限期是六月三十日。四月初，她就提出延長限期的要求，但是，因名額事先已分配完，夏季這一期已經沒有空額了，要等到九、十月才允許重新返回營地，她自然愉快地接受了，後來又展期直到一九五七年二月。她還算是幸運的，另一位營友羅絲·安德遜（Ruth Anderson）允許張愛玲住到她在紐約市W第九十九街空着的公寓中去，這樣，夏季這一段空檔總算有了着落。

賴雅在耶多期間接到一個好消息，那便是麥道偉文藝營允許他十月份重返營地。在耶多文藝營六星期限期結束後，賴雅搬到薩拉托卡泉鎭（Saratoga

Springs, NY)的羅素旅館(Russell Hotel)中去住，耶多就在鄰近。在五十年代，薩拉托卡泉鎮是紐約上流社會的避暑勝地。七月五日，賴雅收到張愛玲寫來的一封信，信中告訴他張已懷了他的孩子。自從賴雅離婚之後，三十年來他總是迴避結婚，然而，這一消息迫使他不得不重新考慮。事實上，在他乘火車赴耶多的途中，也曾考慮過是否應結婚，但是他當時覺得這仍是一個難以決定的問題。如今，她已懷上了他的孩子，因此，覺得應該負一定的道德上的責任。而且，他也知道張愛玲厚道、可愛，是一種賢妻型女人，故而就在這天，他毅然寫信向張愛玲求婚，並在信中說了一些笑話，希望借這些笑話去抹掉她心中的憂鬱，因爲他理解張愛玲形影孤單地住在紐約，一定正在爲自己懷孕而憂心忡忡。賴雅冒雨步行到郵局去寄出這封信。

第二天，正當賴雅躺着的時候，旅館老板娘羅素太太來喚他聽電話，是張愛玲打來的，她還沒有收到他的求婚信。電話因有故障聽不清楚，因此兩人無法詳談，但是有一點是確定無疑的，明天她將親自來到小鎮。

她一人單獨在紐約，發現自己懷孕一定很害怕。就是寫信給賴雅後，仍急需得到他當面親自的安慰與保證，所以未等回信到，即趕去薩拉托卡泉鎮與他晤面。但在匆忙中，她搞錯了到達時刻。

自紐約開來的火車需三、四小時，張愛玲告訴他，明天她將搭乘下午四點半抵達薩拉托卡泉鎮的火車，但是賴雅查閱火車時刻表上並沒有那趟列車在上述時刻抵達。他又趕到從紐約開來的長途巴士車站，巴士在三點半進站，但是她不在車內。他只得返回旅館，換好衣服，與羅素太太和她的媳婦聊起他不久就要和他漂亮的新娘結婚了，這一消息使兩位羅素太太大爲興奮，盼望着她的到達。張愛玲終於在六點四十分乘火車抵達小鎮，看起來她好像氣色甚佳。賴雅帶她回旅館，受到兩位羅素太太的熱情歡迎，使張愛玲驚奇不已。由於他們兩人尚未結婚，按照禮儀，只能安排張住在鄰室。

休息片刻後，兩人一起到一家別緻的德·安德烈(D'Andrea's)餐館用晚餐，花去張愛玲二十美元。賴雅喝了點酒，他們認眞地談了一次話，賴雅當面再次向張愛玲求婚，但是，他對孩子的看法態度非常明確，他堅持不要孩子，他稱孩子爲「東西」(The Thing)。出於這一看法，他催張愛玲到紐約的西奈(Sinai)醫院再作一次檢查，並將檢查結果寫信告訴他。也因出於這一看法，他讓張愛玲確信無疑在必要做人工流產的時候，他會和她在一起，以消除她的恐懼，因爲他理解張愛玲的寂寞，需要他的安慰和支持。那天他們還討論了張愛玲爲申請哥根哈姆(Guggenheim)獎金而寫的回憶錄(即自傳)進度。

第二天，賴雅陪伴張愛玲遊逛了薩拉托卡泉鎮，這是一座古雅的小鎮，街鐘和路燈都顯得古色古香。爲了繼續昨夜的話題，他們走進了公園又作了一次長談，然後在高爾德斯密斯(Goldsmith)餐館用午餐。張愛玲第一次嘗到青魚(Herring)的美味，讚賞不已，而賴雅覺得只是坐在一旁看着她用餐便已賞心悅目。他們興奮地談論兩人下一篇文學著作的計劃。張愛玲正在構思寫兩篇古代中國的故事——〈僵屍車夫〉(Corpse Driver)和〈孝橋〉(Bridge of

Filial Piety)，賴雅則計劃可能與張合作翻譯中國詩集。次日晨，她遞給他一張三百美元的支票，既作爲她來小鎮後的開支，也作爲對他經濟上的支援。其實羅素旅館兩晚的住宿費僅需五美元。三百美元對張愛玲來說，是一大筆錢，但她毫不猶豫贈送給賴雅，九年前，她與胡蘭成分手之際，知道他仍在困境，也同樣大力支援。對她所愛的人，張愛玲之慷慨是不惜代價的。

他們一起用了早餐，張愛玲第一次嘗到了小麥餅。稍後，他們同去巴士站。往紐約的巴士上乘客甚少，張愛玲孤零零地一人坐在前座。賴雅見她臉上浮着笑容，卻沒有丁點喜悅。她小團圓後又勞燕分飛，身上還有留不下的孩子，心情自然沉重。

賴雅等張愛玲離開薩拉托卡泉鎮後，便着手準備一個簡單的結婚儀式。七月十四日，他們又在電話中通了一次話，賴雅得知懷孕一事是肯定的。他不久即前赴紐約，到她在夏季暫住的W第九十九街那所公寓去探望她。一個月後，八月十四日，張愛玲和賴雅終於舉行了婚禮。馬莉·勒德爾和炎櫻均在座，後者是張的錫蘭籍朋友，也是張第一次婚禮唯一的證人。婚禮後，他們在紐約一直待到十月，這期間，他們一起觀光了紐約市容，對此，賴雅瞭若指掌。張愛玲第一次感到在這大都市中就像眞正在家裡一樣，而在這裡定居正是她盼望已久的事。十月，他們一起返回彼得堡，開始他們在麥道偉文藝營新的享有期。

表面上看來，張愛玲和賴雅的聯姻令人費解，因爲他們相似之處實在遠少於相異之處。他們的年齡、種族以及政治觀點都截然不同。張愛玲忍受過缺錢時窘困的滋味，因此處理錢財方面很精明；而賴雅從年輕時起花錢就很大方。他們的著作也明顯不同，張愛玲的作品以一種她特有的冷峻洞察力，描寫心理上錯綜複雜的人類情慾；而賴雅的作品都是以「普通人」爲中心，充滿了理想主義的活力。

然而，事實上他們的結合恰恰是他們各自渴望的合乎邏輯的結果。六十五歲的賴雅，經濟拮据，早已放棄在他的餘年再找一個伴侶的想法，因此，當一個像張愛玲那樣年輕、貌美而溫柔的女性擁抱他，想和他結婚，當眞出乎他意料之外。從張愛玲一方而言，作爲一個陌生人，處在一個陌生的國土，她有一種失落感，需要一支錨來固定她在異國他鄉的漂泊。她所尋求的愛心和關懷，從她那無愛的父親和不忠的丈夫那裡都未曾得到，如今她終於如願以償，賴雅便是她在異國非常需要的錨。如若她對賴雅的感情不像她初戀時那樣浪漫，至少她眞正地愛他並感激他。

由於他們的結婚未有任何子女，因此，有理由要問有關張愛玲懷孕一節，究竟是怎麼回事。賴雅的日記從該年七月中旬到十月中旬下落不明，而他們的通信又非常可能遺失了，因此，答案只能是一種猜測。有三種可能的解釋：其一，張始終編造了懷孕故事，以迫使賴雅下決心結婚；其二，張不幸流產；其三，他們在紐約期間張愛玲接受了一次人工流產。第一種解釋並不有力，因爲與張愛玲一生做人作風格格不入，她向來對人對己忠實，不喜作假，而且賴雅只要打一通電話給紐約西奈醫院認識的醫生，便可輕而易舉地瞭解眞相，這個電話他可能已打過。第二、第三種解釋都有證據支持。張愛玲的兩位營友羅絲・安德遜和伊佛林・伊頓(Evelyn Eaton)在七月下旬寫信給麥道偉的總秘書毛萊爾・愛琳(Murial Aylen)太太，對於張在紐約病得很重表示關心，並要求愛琳（常駐紐約）寫信約見張。愛琳寫了，在信中對她表示同情，並歡迎她在秋天回到麥道偉，同時也建議到張暫住的公寓中去拜訪她。八月三日，張愛玲在覆信中對愛琳的同情表示感謝，並準備到愛琳的辦公室去拜訪她。之所以倒過來作客，固然出於張愛玲體諒人的性格，但是部分原因是張不想在結婚前有人看到賴雅在她的公寓中。這裡所提到的病得很重，有可能是與流產或人工流產有關。

一個三十六歲健康婦女流產有機會的，因此，第二種解釋有可能。而在張愛玲的兩篇小說中，卻可以找到支持第三種解釋的證據，一九五四年，張愛玲在香港寫了一篇中文小說《赤地之戀》，一九五六至一九五七年間，張在彼得堡將此作譯成英文，取名《赤地》。兩相對比，最令人觸目的是在《赤地》

中增添了一段內容，那就是：當女主角被共產黨幹部當情婦遺棄後，她做了人工流產。這段情節在兩年前中文版中是根本沒有的。張愛玲在寫到人工流產時，冷冷地把臨牀細節都描寫出來。當然，一個人要寫人工流產並非一定要親自經歷過，然而，小說中字裡行間所透露的痛苦經驗，強烈地使人感覺到這正是張愛玲自身的描述。

到了三十六歲這年紀，張愛玲若有意要生孩子，機會也不過只剩下幾年時間。在她年輕時，並不特別喜歡孩子和動物，然而這僅指別人的孩子而言，自己的小孩則不一樣。但是另一方面，如若眞的自己有了孩子，她需得在目前風雨飄搖的生活狀態下有能力照應和保護孩子，這點確實很難做到。到目前爲止她自己動盪不定的一生，也使她對孩子未來的幸福不會抱有太大的信心。儘管可以有各種推測，但是究竟她心中對這一決定有何看法，仍難以確定，因缺乏明證。無論怎樣，她已沒有選擇餘地，因爲賴雅堅持不要孩子，處在他那種生活不安定狀態之下，他的態度也是可以理解的。

十月份回到彼得堡不久，賴雅又一次中風，使他變得非常虛弱。不能恢復寫作，甚至日記也寫得極短。張愛玲剛新婚二月，她在美國新生活希望所寄託的賴雅，已近死亡，雖然她繼續爲她的回憶錄工作，身心大受打擊。他試圖哄她以擺脫她的沮喪情緒，也哄他自己是死不了的，因爲有時他覺得自己正在走向死亡。他向她保證能堅持得住，決不會離開她。幾星期後，他稍有康復，便在營中大片林地中散散步。十月底，他已康復得可以參加營地主管喬治·肯特爾(George Kendall)所開的派對。現在他也可以開始逐節地仔細檢查張愛玲所寫的回憶錄。但是，到了十二月十九日，病又一次復發，他因臉部麻痺送回醫院，幾乎失音。四天後，因部分康復而回到家裡，聖誕節他試圖幫助張愛玲裝飾聖誕樹，然而，這是一個沒有歡樂的節日。

賴雅日復一日地康復，到了一九五七年一月二十日，他已經能夠出遠門到波士頓去探望他的表兄弟愛恩斯脫·哈勃許塔脫(Ernst Halberstadt)，還可以到波士頓最大的費倫(Filene's)百貨公司去購物。一月二十三日，他和張愛玲一起乘長途巴士返回彼得堡，在回程中，他覺得心情寬慰，因爲他回彼得堡清爽的村落，遠勝波士頓城。張愛玲繼續把她的中文小說《赤地之戀》翻譯成英文。到三月十三日，打字稿已完成，就到郵局去將稿件寄往紐約。

約一星期後，他們清晨起牀，搭乘從新罕布夏的基恩(Keene)飛往紐約拉瓜迪亞(La Guardia)機場的飛機。抵達後，賴雅找了好幾家旅館，最後下榻在伍特斯道克旅館(Woodstock Hotel)。張愛玲因已送出幾份稿子，故與戴爾(Dell)出版公司有次約見，但在面談時，她才知道她的作品對戴爾公司來說，意味着一種新的風險，因此對方不能很快決定，並表示兩星期後會通知她。張自然大失所望。賴雅帶她到一家自動(Automat)飲食店吃了一頓美味的晚餐，然後在綿綿細雨中回到旅館。

次日晨，他們一起買了些物品。午餐後，賴雅陪她到十五E、第四十八街往訪馬莉·勒德爾。途中，一陣風猛地吹來，沙粒吹進了她的眼睛。勒德爾不在公司，但是張愛玲仍與哥倫比亞廣播公司簽訂了一份合同，由該公司將《秧歌》改寫成劇本。回到旅館後，張又乘了一輛出租汽車去訪問炎櫻。再返旅館，然後與賴雅一起再去自動飲食店用晚餐。

次晨，在中央車站(Grand Central)對面用畢早餐後，張替賴雅挑選了一雙約翰·華德(John Ward)出品的皮鞋，在伍爾華斯(Woolworth)也爲自己買了一副漂亮的手套。他們搭乘從拉瓜迪亞機場飛往基恩的飛機，傍晚抵達彼得堡的家中。回家後，收到勒德爾的來信，告訴張愛玲有關哥倫比亞廣播公司的買賣已成交，金額爲一千三百五十美元，另加九十美元作爲支付該小說翻譯權。

他們在麥道偉的限期到四月中旬將結束，在近期內又不可能再次申請到新的享有期，因此，賴雅再次向耶多申請，但遭拒絕。他們決定到那時只好搬到彼得堡的某一公寓中去住，爲此，他們忙於計劃這次搬家。四月初，賴雅開始尋找公寓，很快便在松樹街(Pine Street)二十五號找到一家有傢俱裝備的公寓。這家公寓是一幢三層樓房，座落在一條狹窄斜坡的街上，距鎮上購物中心很近，只需短短地向左轉兩個彎，走不到十分鐘即可到達。因此，比住在文藝營方便得多，但是他們現在必須自己付房租，每月六十一美元，電費還不在內。

由於他們並無固定收入，房租便是一項很重的負擔，此外，他們還必須添置自己的牀單、窗帘以及其他家庭用具，因此他們搬家前兩人焦躁不安。賴雅寫信給他的表嫂——哈勃許塔脫太太，要求能支援一些上述物品，但是她也沒有多餘的。一旦作出決定，他們便開始忙於整裝。有時，他們也像以往在林中散散步。

這一年的春天遲遲才來，新罕布夏四月初還刮了一次冬天的暴風雪。四月十三日，他們開始搬家。他們的箱子和紙板盒共有二十件，主要是書和稿子、信件等。他們雖然搬離了營地，但是與文藝營仍有一些關連。搬走兩天後，《秧歌》的劇本在哥倫比亞廣播公司的節目中播出。他們夫婦倆乘出租汽車到肯特爾家中，而整個文藝營都去看電視。遺憾的是，好好一部小說被電視劇製作弄得慘不忍睹。

結婚了整整六個月，他們終於找到了自己的家。名義上該公寓是提供傢俱裝備的，實際上卻寥寥無幾。賴雅每周有二、三次到遠近的庭院舊貨攤(Yard Sales)上去尋覓所缺的用品，例如麵包烘爐、三夾板桌子、木製小牀等等。張愛玲有時跟着一起去碰運氣，一次，她看到四件漂亮的絨衫和一件浴袍，完好無損，總共才三元七毛五。她買下後馬上奔回家中去試穿，全都合身，使她高興了一陣。賴雅還從西厄斯·羅勃克(Sears Roebuck)訂了毯子和竹簾。房間牆壁全部破舊，張愛玲擔任起油漆工的粗活，她先漆賴雅的房間，接着把自己的房間漆成藍色。後來，公寓中發現螞蟻，張用殺蟻劑噴灑，極有效，賴雅因此替她取了個綽號——殺蟻刺客。

他們夫婦倆在寧靜的小村落中過着簡單的生活。賴雅通常很早起牀，而張愛玲因習慣於夜間工作，則起牀較遲。不寫作時，賴雅去雜貨店購物，去銀行，去郵局或做些必要的家務。他也在張的協助下做些簡單的飯菜，雖然簡單，卻很認真。桌上的常見菜有漢堡牛排、雞肉餡餅、燉牛肉或小羊肉，有時加些蔬菜，例如整條煮的玉米或龍鬚菜。張愛玲愛吃魚，有時餐桌上也有。

他們兩人的主要消遣便是閱讀。然而彼得堡居民一萬多人，只有一個規模甚小的圖書館，有時他們不得不通過當地圖書館向新罕布夏的州府——康考特(Concord)轉借。

晚間的娛樂也沒有多少內容可供選擇，除了有時在一家酒吧中有幾個當地演員外，鎮上唯一的娛樂場所便是一座電影院。有些夜晚，在電影院中可遇到文藝營中四分之三的營友。賴雅和張愛玲都是電影劇作家，他們對電影自然也偏愛。就在他們住在松樹街時，看過許多電影，包括〈甜姐兒〉(Funny Face)，〈林白征空記〉(The Spirit of St. Louis)，〈金玉盟〉(An Affair to Remember)，〈成功之甜味〉(Sweet Smell of Success)，〈卡拉馬助夫兄弟們〉(Brothers Karamazov)，〈迷魂記〉(Vertigo)，〈環遊世界八十天〉(Around the World in 80 Days)和〈恐懼突圍〉(Fear Strikes Out)，最後這電影張愛玲很喜歡。賴雅則對男主角評論特別嚴厲，他在日記中常寫下諸如此類的評語：弗雷·亞斯坦(Fred Astaire)在〈長絲襪〉(Silk Stocking)一片中已老得出盡洋相；〈黃昏之戀〉(Love in the Afternoon)一片中，賈利·古柏(Gary Cooper)站在年輕的奧黛莉·赫本(Audrey Hepburn)旁邊，看起來像個糟老頭；馬龍·白蘭度(Marlon Brando)在〈櫻花戀〉(Sayonara)一片中令人反胃，而在〈百戰狂獅〉(The Young Lions)一片中更令人難以忍受。

五月初，張愛玲從司克利卜納獲悉，公司不準備選用她的第二部小說，即《粉淚》。這個消息對她當然是個不小的打擊。她覺得沮喪，終於病倒而臥牀數天。後來她注射了幾針維生素B，到六月初才康復。司克利卜納公司仍付她《秧歌》一書的版稅，六月份她收到約三百美元。她開始寫一篇名爲〈上海游閒人〉(The Shanghai Loafer)的新故事，並送到住在紐約的勒德爾，同時，她也爲宋淇寫電影劇本。宋是她在香港的好朋友，那時在電懋公司任職。在五十到六十年代，該公司是香港主要的電影製片廠。儘管她的電影劇本大多是爲糊口而寫的作品，然而卻是她收入的主要來源，每篇稿子可獲八百至一千美元，這樣的稿酬在香港已排到頂端了。全仗宋淇熱心在電懋推薦張愛玲的緣故。

七月下旬，賴雅和張愛玲再次南下到波士頓，往訪哈勃許塔脫和他的妻子勞巴 Luba 以及其他朋友，和購買物品，還在圖書館做些研究工作。這次出門共五天，五天來他們都住在波士頓市中心的派克旅館(Parker House)，那裡仍保有波士頓古老的情趣和魅力。他們去過市中最老牌的餐館聯合蠔飯店(Union Oyster)，去過鄧琴(Durgin Park)飯店，店中提供美國殖民時期款式的飯菜——結結實實，但除了一道草莓蛋糕外，張愛玲對其他的都不感興趣。他們也到唐人街進過餐，在眼鏡店裡各自配了副帶邊框的眼鏡，在卡潑萊廣場(Copley Square)買了重四磅半的一大包咖啡，隨後又在別處採購了一些物品。這些東西全部托運到波士頓郊區去參觀了哈勃許塔脫的新房子。張愛玲還在康橋的哈佛圖書館以及市區的文學協會圖書館中做些研究工作。臨走前,他們又到鄧琴飯店去用了來這裡的最後一次午餐,然後在北站乘火車到那蘇阿(Nashua),再返回彼得堡。抵達時雖已是黃昏天色,他們仍來得及在A&P超級市場中買了一些鹹肉和蛋。張愛玲每去大城市就覺欣喜,讓她暫時逃出小城枯寂的單調生活。她喜歡大都市,始終不能適應小鎮鄉下式生活。

八月中旬,張愛玲從倫敦得到消息,說她的母親病得很重,必須做手術。張寫了一封信去並附上一百美元的支票。張太太早在四十年代便旅居國外,最後定居在倫敦,有一段時間曾在成衣廠做工。但是,她的主要收入來源是靠變賣她從中國帶出來的幾口衣箱中的古董。手術後不久,張太太便去世了。因為張太太早早離婚,又出國旅行,與張愛玲同聚時期不長,但她是張愛玲在海外唯一家人,而國內親人又不能有聯絡,因此聞訊後她很傷心。她留下最後一口箱子給她女兒。箱子按時運到彼得堡，夫婦倆稱之爲「寶藏」，在他們經濟上捉襟見肘之際，無異發了筆橫財。這些古董後來逐個變賣以貼補他們收入之不足。

秋季也過去了，迎來了北國漫長的冬季。到了一九五八年春，張愛玲和賴雅計劃未來的遷居事宜。對於遷居問題，兩人的想法很不相同。在世界各地遊蕩了四十年之久的賴雅，終於在彼得堡找到了一個避難所，一個家，他的可愛的彼得堡，得能遠離城市的囂鬧和擁擠。確實有在城市中根本談不上的平和、寧靜。張愛玲卻不是這樣想，她比賴雅年輕了近三十歲，習慣於城市生活的熱鬧，對於這種鄉下氣的村落生活難以忍受。她的理想定居地是紐約，即便是其他任何大城市中，她的機遇也會比這個偏遠的小鎮好得多。有一個夜晚，文藝營主管的妻子肯特爾太太來訪，在談話中這位太太也承認她恨透了彼得堡，她覺得運氣不佳，陷在這裡拔不出來。張愛玲馬上同情這位太太，並且發洩自己對此地厭棄之情。這使賴雅覺得很懊惱，但是爲了張愛玲將來的幸福，他同意遷居，因爲他覺得張愛玲的生命如日中天，而他自己，則已日薄西山，所以他必須讓步。爲此，他們一起向亨亭屯・哈特福基金會(Huntington Hartford Foundation)申請居住。該基金會與麥道偉相似，也是一個文藝營，地處加州太平洋絕壁(Pacific Palisades, Calif)。張愛玲還向哥根哈姆基金會申請獎金，他們只供獎金而不提供食宿。

五月中旬，夫婦倆又旅行到了波士頓。這次除了例行的一輪拜訪、採購和上館子外，張愛玲還從「寶藏」衣箱中挑了些古董帶去估價。他們到一個名叫德・愛厄曼(D'Ehrmann)的經銷商那裡去，德・愛厄曼出價四百美元，最後以四百五十美元成交。看來張愛玲似乎有做生意的訣竅，因爲朋友們都不相信能賣到如此高價，直到張出示支票才不得不信。另一次，通過哈勃許塔脫，張又把一塊黃色的絲織品賣給一位女士，後來這位女士寫信感謝賴雅，並表示對這件古董倍加讚賞。接到此信後，張只能爲當時沒有要價高些而懊悔。

七月份，他們收到亨亭屯·哈特福錄取的消息，他們可以從十一月八日開始搬去居住。張愛玲最初因未能定居紐約而失望，隨後卻又想到能在明年在舊金山度暑季而高興。哥根哈姆那裡看來既未獲成功，不如就接受亨亭屯·哈特福。同時，她仍繼續爲香港的宋淇編寫電影劇本。八月二日，宋發來一份海外電報，要求張在八月十五日提供一份劇稿，張馬上回電，同意接受這個任務。她積極地埋頭苦幹，到八月六日晨已全部完成。雖然這類稿子給她帶來所需的收入，但是張愛玲肚中雪亮，這些庸俗之作與她的才華是不相稱的。一方面爲餬口而寫這些商業作品，而另一方面她的文學力作卻又未得到圈內人士的承認，一想到此，便使她感到憂傷。一天夜裡，她夢見一位傑出的中國作家（她個人並不認識這人）取得了極大的成就，相比之下，她覺得很丟人。第二天，她淚流滿面地向賴雅復述了這個夢。賴雅儘量找話安慰她，他知道這是她對貧困無名和不公正遭遇的一種抗議。

這一年的七月二十六日是賴雅六十七歲生日。那天，他們一起到基恩去購物。在五十年代新罕布夏的這個小城中，亞裔人士極少，張愛玲被過路人盯着看，她自己卻毫不介意。下午，賴雅感到有些疲乏，就坐在公園長櫈上休息，張則繼續購物。巴士開往彼得堡的時刻是五時二十分，到了五時，張依舊影蹤全無，賴雅焦急起來，起身找她，直到距開車只剩幾秒鐘，才見她姍姍而來。幸虧巴士誤點遲發，他們總算搭着回家。

兩星期後，賴雅做了一次體格檢查。雖然過去犯過中風，使他寬慰的是他的心臟功能良好，其他臟器看來也正常。體重一百八十磅，自認爲稍有超重。然而，他患有背痛之疾，痛時張愛玲就替他按摩以放鬆背部的緊張。大約就在這期間，他立了一個遺囑，把他全部「無用之物」留給張愛玲。他萬沒有想到，就在這些「無用之物」中，收集着與華萊士·史蒂文斯和貝托爾脫·布萊許脫通信時的來函，這是有關這兩位文學大人物信件最大宗的收藏。

夏來又夏去，他們倆討論將來的計劃，亨亭屯·哈特福只是他們遷居的第一站，隨後將遷到舊金山。賴雅坦率地表明，他對於未來的收入不會有多大的貢獻，而張愛玲則柔情地表明她理解賴雅對此事的難處。結婚兩年以來，賴雅愈來愈依戀着她，從來沒有像現在那樣與張愛玲一心一意。飯通常是賴雅做的，由張愛玲幫手。她還試着做賴雅常愛吃的中國菜。有時她只爲自己煮些中國點心，可能因爲這些點心不會引起賴雅的興趣。

由於張愛玲生日以中國農曆爲準，以西方陽曆計算，每年生日的日子都不相同。賴雅弄清了一九五八年她的生日應在十月一日，就在日記中記下這個日子來提醒自己。這一天，早晨不斷下着雨，有一個聯邦調查局的人員來訪，他是來查核有關賴雅欠華爾曼(Wallman)不動產公司債務的財務問題的。當他企圖就此事糾纏張愛玲時，賴雅巴望着他離去，最後，他還是客客氣氣地走了。下午，天空開朗了，賴雅和張愛玲一起到郵局去寄了幾封他寫的信。雨後的秋天，只見棕色、深紅色、赤褐色的落葉，紛紛從樹上飄下，在晚霞餘暉照耀下，天空變得莊麗。回來小睡片刻後，用了點肉餅、青豆和飯。張愛玲穿着起來，一起到電影院去看傍晚一場電影。片名是〈刻不容緩〉

(No Time for Sergeants)，由安迪·葛利菲斯(Andy Griffith)主演。他們看得大爲開懷，笑出了眼淚。然後，他們在冷瑟瑟的秋夜步行回家，把剩下的飯菜吃完。這一整天都是張愛玲的生日，她告訴賴雅，這天是她有生以來最快樂的生日。那年，張愛玲三十八歲。

第七章

十月下旬，他們整裝待發，共約十隻衣箱和三十隻紙盒。這些行李中有些（包括那隻稱之爲「寶藏」的大箱，其中大多數珍品都已賣掉）要留在麥道偉，那裡的主管肯特爾早已知道他們要遷居到加州去，同意他們存放。另外幾件則要寄存在紐約市，其餘全部帶到洛杉磯去。在裝箱包紮的時候，張愛玲還是抽空寫作，間或算算所得稅，賴雅見了不禁思忖，收入才是她工作的主要動機。他自己曾經富有過，可是理財的能力卻極差，因此永遠也不會理解她對錢財所以感興趣的由來。他們偶而也會爭吵，無非是爲了她裝箱把不同品種的物品胡亂混裝在一起，也是爲了他的藥丸，她對藥丸幾乎跟宗教信仰一樣重視，而他則不以爲意；有時是爲了他修訂她的作品時意見分歧，包括《粉淚》，現在改名爲《北地胭脂》(Rouge of the North)。

最後一切就緒，在離開彼得堡前，他們與兩年半來的朋友一一道別。在十月底或十一月初，他們在紐約中途下車作短暫停留後，於十一月十三日到亨亭屯·哈特福基金會報到，分配到一處房子並在那裡安頓下來。張愛玲一直盼望着過城市生活，如今離開了閉塞的村落，因而頗有解放之感。基金會座落在洛杉磯鄰近的名貴地區，可俯瞰太平洋。它的佈局極像一座花園，終年開滿了熱帶花卉和植物，與洛杉磯市中心相距不遠。洛杉磯市極其分散，大而無當，有個才子笑它是：「八十六個郊區在一起，尋找一座城市。」因此，住在洛杉磯而沒有一輛汽車是很難行的。賴雅夫婦並沒有汽車，幸好大多數營友都有車，他們可以常搭順風車到市區。

賴雅在多年前曾在此地生活過，現在卻覺得它面目可憎，天空常是煙霧瀰漫，飛機在頭頂上掠過，留下白色條條痕跡。其實此地景色宜人，飛鳥囀鳴在基金會中盛開的野紫丁香之間，只是心境不同而已。多年前，賴雅是好萊塢一名公認的劇作家，但是這次舊地重遊，他的朋友或相識的人，或是無力相助，或是不想幫助。儘管他也明白，好萊塢是一個沒有記憶、也沒有慈悲的城市，但是他還是深感失望。有時他和張愛玲一起到比華利山(Beverly Hills)時髦的公司中去，由於他們囊中羞澀，不能大把花錢，因此服務員態度極爲惡劣。即使洛杉磯市區的商店，他們的勢利眼雖然略有收斂，但是因爲賴雅一毛不拔，因此對他視若不見。張愛玲則不然，在彼得堡和新罕布夏的納蘇阿看厭了單調的街景，到了此地令她目不暇接、興致勃勃。她原本對購物毫無興趣，因此也不計較服務態度之優劣如何。她喜歡錢，是爲了生活有保障和舒適，而不是爲了物慾。她一生都過得很簡樸，喜歡空牆而不喜歡裝飾，房中拾掇得乾淨整齊。她喜歡看櫥窗，卻並不眞想買些什麼回家，因爲她活潑的想像力會輕而易舉地帶她到別的地方去，毋需物質的佔有來證實。

他們的常規生活也略有改變。基金會因提供膳食，而不需自己操勞，雖然飯菜質量之差，已成常慣。亨亭屯·哈特福的氣氛比麥道偉輕鬆，也多一些放蕩不羈、玩世不恭的成分，而麥道偉直到一九五七年都是由女強人麥道偉夫人牢牢管理。此地的環境和氣候也較宜人。晚餐後，賴雅喜歡在公共大廳中閒蕩、談心或玩小額賭注的撲克牌遊戲，而張愛玲則立即回去，覺得在新環境中並無義務去費神社交，這也是她一貫的作風。有時在傍晚時分，那裡的藝術家在住所開派對，賴雅去參加而張總是借故免了。

買了一架電視機後，他們多半待在家裡看電視。很可能在步行距離內沒有電影院，因此比在彼得堡少看了許多電影。他們養了一隻名叫雪爾維亞(Sylvia)的貓，在一九五九年三月不知去向，儘管每天以牛奶為餌誘牠回來，貓卻始終不見踪跡。亨亭屯·哈特福因靠近洛杉磯，營友常遊蕩分散，因此團體的感覺少一些也是可以理解的，但是令人不免有寂寞之感。有一個正要離開營地的藝術家向賴雅訴說道，在基金會待上六個月時間未免太長了，是一種對現實生活的逃避，而藝術家主要關心的正是現實生活。她羡慕賴雅有家眷，不會覺得寂寞，不像基金會中的成員大多是單身。

賴雅雖然沒有像這婦人寂寞而苦惱，他仍嚮往一個更有吸引力的城市，例如舊金山。四月份他們將移居到那裡。

有一次，他們的朋友飛利浦(Phillips)牽來一口山羊給張愛玲看，賴雅故意隱而不宣，只是喚她出來會客，張堅決拒絕，爲此爭辯良久，最後，當張明白來訪者原來是口山羊，就很快出來。賴雅對她那種防禦性心理覺得難以理解，他以爲這種拒絕與他人見面的行徑是一種癖。

張愛玲偶而也有自娛之樂，例如通過香港的宋氏夫婦買回衣料，做了幾件衣服，肩膀搭上從前她母親極美的長圍巾，到基金會攝影藝術家雪爾維亞·史蒂文遜(Sylvia Stevenson)那裡，拍了幾張藝術照片。然而，她的時間多數是用來撰寫新的作品。她也把陳紀瀅的中文小說《荻村傳》改寫並譯成英文，取名爲《荻中笨伯》(Fool in the Reeds)。小說記敘了從本世紀初到四十年代間中國北方一個村莊的歷史，其格調是露骨的識刺，實際上與著名的魯迅所寫的《阿Q正傳》一脈相承。《阿Q正傳》中說的是有一個鄉下佬，周圍的人都瞧不起他，仗着冒充革命黨人，騙得了短暫的風光，接着便被處以極刑。在陳的小說中，一個鄉下佬在四十年代參加了共產黨幹革命，而不是早期共和年代冒充革命，因此，此書的風格與張愛玲文學著作細膩婉麗的筆法大相徑庭，儘管如此，她還是忠實地按原文挖苦諷刺的筆調翻譯出來，作了些更改，增加了英文本的易讀性。後來陳提出請張把他的其他幾篇作品也翻譯出來，若在美國出版，按六四分潤。然而，《荻中笨伯》的英文稿送到紐約的勒德爾處時，她謝絕處理，極可能因美國廣大讀者對這類題材不感興趣，張自然大失所望。隨後又去找過在比華利山的另一個代理人雪萊·科里爾(Shirley Collier)，可惜在美國始終沒有找到出版商買下此書。一九五九年，由美國新聞處支持，終於在香港出版了英文本。不過通過宋氏夫婦替她設法招攬的電影劇本寫作，倒使張的收入還是源源不絕。

一九五九年四月，他們爲移居舊金山開始作準備，諸如找指南、閱讀《舊金山紀事報》(The San Francisco Chronicle)，比較各處旅館的價格等。五月十三日，他們與留在亭亭屯・哈特福的營友們告別，前往舊金山。他們原先計劃乘灰狗巴士(Greyhound Bus)，但是他們的朋友飛利浦臨時突然決定用車送他們，夫婦倆欣然接受。離開了洛杉磯，他們在路旁小客棧進餐，他們戲稱爲「解放飯」，但是汽車引擎很快便過熱了，躭擱了他們的「解放」。汽車需拉到車庫去檢修，之後他們匆匆地從公路駛向目的地。

開車八小時左右，抵達舊金山後，先在鮑威爾街(Powell Street)一所小旅館中落腳。纜車從早到晚在這街上噹噹駛過。他們遊逛過通常的旅遊點，諸如唐人街(China Town)、漁人碼頭(Fishman's Wharf)、金門公園(Golden Gate Park)以及日本茶園(Japanese Tea Garden)，同時，賴雅還在尋找一所合適的公寓。看了幾處後，最後選定布什(Bush)街六百四十五號，月租七十美元，另加水電費。五月二十五日喬遷。張把公寓奮勇地打掃乾淨，他們不能忍受別人留下的骯髒，辛苦些也是高興的，因爲有了自己的家。

搬家後不久，賴雅在幾條街外的鮑斯脫街(Post Street)也爲自己找到了一間小小的辦公室，每天都去坐坐。他繼續爲他的計劃〈克利絲汀〉(Kristen)及一部戲劇劇本而工作。他也幫助馬克·休勒(Mark Schorer)寫的關於辛克萊·劉易士的傳記，因賴雅與辛克萊熟稔。張愛玲這時因接到委託正把《荻中笨伯》改寫成中、英兩個版本的電影劇本，每本稿費一千五百美元。與此同時，她還通過宋氏夫婦和麥卡錫的關係，替香港美國新聞處 U.S.I.A.做翻譯。

他們的生活很快便納入常規。賴雅在早上八時左右起牀，早餐後，步行到他小辦公室中去工作。中午，回家喚醒張愛玲，一起共進午餐。下午通常仍分兩地繼續筆耕，有時也外出購物。現在不必再找庭院舊貨攤去買便宜貨了，他們漫步在城中主要街道市場街(Market Street)上，在克萊斯奇(Kresge)、潘尼氏(Penney's)或恩鮑林(Emporium)中購物。張在唐人街支館取得一張圖書卡，可借到中文書籍。下午他們有時也漫步到唐人街去，穿過斯多克頓街(Stockton Street)隧道，只需步行約十分鐘便可到達。賴雅過去從未見過那麼多的中國兒童，因而十分高興。他們在熟店中買些點心以及醬油、豆腐等，借幾本書，然後再穿過隧道走回家。

晚上，他們通常待在家中。張愛玲有夜間工作的習慣，常要工作到清晨二、三點鐘，而賴雅則喜歡以閱讀或看電視來打發晚上時光。偶然也有人邀請他們去參加派對。七月下旬，他們在栗樹街(Chestnut Street)參加了一個盛大的派對，遇到許多文藝界人士，但是就像往常一樣，張急於要回家。他們常常去電影院，如今在步行距離內有更多可供選擇的餘地了。他們愛看外國電影而不是主流的好萊塢片子，例如日本片〈藝妓〉(Geisha)，或法國片例如〈廣島吾愛〉(Hiroshima mon amour)，以及碧姬·芭杜(Brigit Bardot)主演的〈我的職業就是愛〉(Love is My Profession)等。

舊金山比洛杉磯更可愛，街道乾淨，佈滿大圓窗戶，男人穿着正派，早晨有時雖有霧，太陽一出就把霧驅散了，空氣也變得清爽，一年四季都像是春秋天。跟洛杉磯不同，舊金山並非沿公路建造起來的，因此，他們既可步行也可乘巴士抵達各處。城市的景觀是豐富多彩的，有小山、大洋、海灣和橋，文化也是如此。在兩條街外的聯合廣場(Union Square)，常舉行印度、日本、中國或菲律賓節日，他們都喜歡參加，還有一年一度的唐人街春節慶祝隊列隊經過。有一次他們接到邀請去參加一處佛寺的開幕典禮，在那裡遇見張從前在香港的上司利查・麥卡錫，他因與張重逢而高興。

賴雅喜歡在城裡的街上散步，有時只是散步而已，有時順便購物或另有差使。那時，一位在舊金山的畫家約・培根(Joe Bacon)常與他作伴，他們遊遍了城中街頭巷尾。有幾條街建在陡峭的小山上，賴雅偶而在斜坡上滑倒，幸而並不礙事。培根每星期開汽車來一次，把他帶去購買一周所需的日常用品，張愛玲通常不隨他們一起去。

她遇到一位極友善的美國女子愛麗斯・琵瑟爾(Alice Bissell)，比張小幾歲，是研究藝術的。由於張擅長繪畫，曾想做藝術家，故而對愛麗斯的畫作很感興趣，兩個女人無話不談，有時在下午五時半左右，她們會一起到唐人街和義大利區交界處的華盛頓廣場公園的長櫈上坐坐。這個公園很小，只有兩街長，一街寬，草坪上零落散佈着大樹。公園旁莊嚴的教堂巨大的陰影投在草地上。黃昏的小公園裡，充滿了回憶。張愛玲會娓娓談起在上海那段歲月中的往事，恍如隔世。

她們有時會一起到唐人街都板(Grant)街張所喜愛的點心店去，要杯綠茶和一盤點心，諸如蛋塔和椰蓉酥，張間或與愛麗斯相對大笑，然後一起回到布什街公寓，賴雅會準備好有紅洋葱的沙拉與主菜。張曾給愛麗斯兩本她寫的英文小說作禮物，有一次還給她幾張由張用中文寫的中國菜譜。愛麗斯雖然從不做中菜，也看不懂中文，但是許多年來她一直珍藏着這套菜譜。對她來說，張愛玲也許是個不出名的小說作家，然而卻是一個了不起的好朋友。

在節日，兩女兩男會結伴到水晶宮(Crystal Palace)去一遊。水晶宮是市場街上一家娛樂場所，那裡他們付便宜的費用便可既喝又舞。張愛玲喜歡坐下看人跳一種爵士舞「惊蟄」(Jitterbug)。儘管他們覺得舊金山氣候宜人，接觸到的人也極友好（包括他們遇到的大多數計程車司機和修理工人），很是舒適，他們還是希望移居到紐約去，因為對一位作家而言，就是應該在紐約紮根。培根的父親也認識賴雅，他告訴賴雅，紐約正在走下坡路，且不如舊金山適宜居住和生活，然而賴雅不信他這話。

張愛玲正需要新配一副隱形眼鏡，舊的一副已不太合用，而新的一副老是刺她的眼睛，使她不得不再三去看眼科醫生。有一段時間懷疑左眼有潰瘍，不久卻消失了。眼疾持續了幾個月，有時張實在不願去赴眼科醫生的預約門診，賴雅就得擔負起勸動她去赴約的煩心任務。張還多次發作一種莫名的疾病，每次持續三到五天，發作時不能進食，否則便會嘔吐，此病從未確診過，但是只要休息得好，便霍然病去。有時，各種令人沮喪的消息也會觸發此病。儘管她的隱形眼鏡以及偶發的莫名疾病使她煩心，她還是及時寫完了《荻中笨伯》的劇本全稿，八月初完成了中文本，一個月後英文本也完成了。爲了慶祝一番，她動手自己做件外套，並又開始寫一部新小說。

一九五九年八月十四日是他們第三個結婚紀念日，夫婦倆決定小小慶祝一下。下午他們步行到唐人街所喜歡的點心店去選購小吃，隨後又到北灘(North Beach)與唐人街相鄰的義大利區去買了奶酪和咖啡。回家後，他們細細品嘗這些中西合璧的美味，隨後，她穿着打扮起來一起去看一部由詹姆斯·史都華(James Stewart)和李麗梅(Lee Remick)主演的新片〈桃色血案〉(Anatomy of a Murder)。進場時電影已放映過半，於是又從頭看到底。電影不錯，出場時門廊極爲擁擠。他們又到近處的托尼氏(Tony's)餐館以咖啡和熱蛋糕來結束這一天的節目，然後再步行回家。那是一個愉快的紀念日。

一九五九年十一月，她收到了入籍通知書，爲此要辦理一系列複雜的手續，例如拍照片，準備有關移民事問答，出示有關證件等等，花了約八個月才算完成。爲了要用照片，在一個陽光明媚的下午，他們到一個上了年紀的英國女攝影師開的照相館中去，他們交談得很融洽，攝影師說她本是英國輕歌舞劇(Vaudville)女演員，少說也結了兩次婚。她是一個出色的攝影師，據賴雅看來，她替張拍的一幀照片，抓住了張的全部優點。

十二月中旬，張愛玲收到炎櫻的來信，信中對《北地胭脂》未能被出版商接受出版深表同情。聞此消息，張不禁熱淚盈眶，情緒低落，所有的來信無論是爲她悲嘆還是對她勸告，現下在她看來都只是一種騷擾。賴雅過去從未見過她如此沮喪，他懷疑《北地胭脂》遭到退稿，就等於對她本人的排斥，她還未從沮喪情緒中擺脫出來。這個聖誕節與新年他們過得很平靜。一九六〇年初，炎櫻又來一信，這次她宣佈了結婚的喜訊，要去日本三個星期的途中會經過舊金山，準備順便來探訪賴雅夫婦。二月七日，他們足足等了她一整下午，可是影踪全無，顯然是計劃變更，直接去了日本。

同一時期，張愛玲和賴雅因接到移民局的通知去了那裡，到達後才知道手續需兩個見證人。賴雅打電話給培根，培根居然只用了十五分鐘就趕來當了第二個見證人。七月份，張終於通過了入籍手續的層層關口，取得了美國公民的身分。他們爲此外出用了一頓豐盛的午餐，還買了束鮮花來表示慶祝。這一年末，她在賴雅的慫恿下投了甘乃迪(John F. Kennedy)一票，他自己也勉強投他一票。在一九六〇年，冷戰方酣，華盛頓與北京沒有外交關係。早先，以參議員麥卡錫爲代表的右翼政治家譴責國務院中因中國通之下策，才導致一九四九年美國在中國的失敗，並在國務院中對他們進行清除，在這過程中產生了一種政治迫害的氣氛。朝鮮戰爭的餘波也在一小部分心胸偏狹的美國人中依舊耿耿於懷，他們對任何華裔美人都加懷疑，尤其是像張愛玲那種一九四九年以後才離開中國大陸的華人，會把他們錯當成共產黨的同路人，甚至當作間諜。張雖然已是永久居民，可長久地留在美國，但是她一旦有了公民身分，便可在法律上爲她進一步提供保護。

六月份，賴雅的女兒霏絲(Faith)從佛羅里達(Florida)來此逗留十天。當年她在新罕布夏時曾與張愛玲見過兩次面。於是他們在對街爲她找了一家旅館，並陪她遊逛了景點和商店。賴雅固然因父女久別重逢而高興，而張也熱誠相待。他們帶她去唐人街吃飯。有一次同去城中名貴商店更氏(Gump's)，專出售世界各國稀有商品，經中國傢俱部，張愛玲笑起來，出店門後她解釋所見各名貴傢俱，全是香港、臺灣小店的舊貨，連店名也還留着。

這一年賴雅的健康情況尚能維持過去，偶而覺得腿和腳痛，張愛玲就爲他按摩。一天，他突然覺得一股壓力衝入軀幹中，張大爲驚慌並立即請一醫生來診斷，賴雅爲她的關心體貼而感動。她自己雖舊病復發，卻不去看醫生。她的體重保持在一〇三磅左右。這一年她生日時，要求賴雅陪她去看脫衣舞，於是他就陪她到破舊的總統脫衣舞院去(President Burlesque)。她看得津津有味，而賴雅因以前看過這類表演，覺得味同嚼蠟。作爲一個小說家，只要能夠擴大視界的場所及經歷，張愛玲就會不遺餘力地去尋找、珍惜它，因爲場所雖可以有雅俗之分，經歷卻總是可喜的。四十年代初在上海時，她就曾到俗不可耐的梆梆戲院去看戲，這種場所體面的小姐、太太一般是決不會屈尊光顧的。

一九六一年三月下旬，炎櫻通知他們，她已在重遊日本的路上，希望來拜訪她們。這次又等了很久，還是沒有到。正當他們要打電話給美國航空公司(American Airlines)以確定航班時刻表時，炎櫻卻突然出現在公寓的階石上。這個小個兒的女人精神與以前一樣旺盛，即使坐在沙發上也手舞足蹈，時間都被她擺龍門陣打發光了，也給老朋友愛玲帶來許多快樂。

這些年來，張愛玲的創作勢頭不減，而且還是一位多產作家。爲了生活，她在寫電影劇本和翻譯方面花了大部分時間。她也明白作爲一個作家，這些作品都不能將她的全部潛力發揮出來，因此，她在五月二十六日開始動筆寫一部新小說，七月一日，賴雅已讀到第十二章，七月十八日全書完成，打字後寄往紐約。遺憾的是她的英文本小說在美國和英國都未找到出版商，其中只有《北地胭脂》是例外。任何作家如果經常遭到退稿都會覺得氣餒，但是幾年來即使一個出版商也沒有接受她的作品，她也仍繼續寫作不輟。她的代理人或出版商也許會沒有信心，但她對自己的價值卻信心堅定，她認定她生活的使命便是寫作，只要她還活着，就決不會停筆。

張愛玲雖然已在舊金山定居下來，心卻還是沒在此定下來。早在一九五九年十二月，她曾跑到英國海外航空公司(British Overseas Airways Corp.)去打聽到香港的機票費用，需一千美元。她把想法隱藏得嚴嚴地，以至於在一九六一年夏她解釋要作一次東方之行時，賴雅大爲震驚並深感不快。他們的收入主要來自香港宋淇所提供的寫作任務，還有麥卡錫所給的翻譯工作（賴雅每月可得五十美元的社會福利金，另外從他過去出版的書還可得到數目很少的版稅費），張愛玲覺得有必要到香港去開發更多的經濟渠道。目前她正在計劃一部新英文小說《少帥》(Young Marshal)。此外，她對在舊金山所過的常規生活並不覺得眞正愉快，從長遠考慮，仍希望住在紐約。但是賴雅的想法卻是靜而不是動，他已經習慣了過婚姻生活，也滿足於家庭幸福，現在驀然有被他的愛妻拋棄了的感覺。張愛玲建議他仍應留在舊金山，與他們在此認識的朋友約・培根及愛麗斯・琵瑟爾在一起，但是賴雅拒絕了。數日後，他腿上的疼痛擴散到了背部，整個身體都覺得刺痛，也可說是由於情緒上的原因而如芒刺背。休息三天使身體復原後，他寫信給剛搬到華盛頓的女兒霏絲，問有無可能把他的東西運到她那裡去。他把信遞給張愛玲看了，以表示他心中辛酸的感受。同時，他又再次向亨亭屯・哈特福申請位子。

然而，在表面上日子還是照舊地過下去的，他們一起去看了一齣新電影〈再一次說再見〉(Goodbye Again)，賴雅注意到了英格麗・褒曼(Ingrid Bergman)和東尼・柏金斯(Tony Perkins)的精湛演技，他不知道此片在香港的中文片名爲〈何日君再來〉，而張正要去香港，幾乎成一種諷刺。九月初，亨亭屯・哈特福給他一個回絕的通知，這次新的打擊使他覺得他被整個世界都拋棄了。兩天後，霏絲來信告訴他，可以到華盛頓去住在她家鄰近的公寓裡，才使他大大地鬆了口氣。張愛玲在此同時正忙着做東方之行的準備，諸如買機票、拍護照上用的照片。

那時張愛玲在美國已住了六年，做了五年賴雅太太。在這段生活的開始階段，她在這片新大陸中既孤獨又無措，就靠賴雅對她指導。年復一年，隨着從新罕布夏移居到加州，她已逐漸判明了自己的方向，依賴性也隨之減少；與此相反，賴雅當初對結婚並不熱心，可是如今在感情上和經濟上都離不開她。雖然已屆古稀之年，身體倒還不錯，生活尚可自理，但是他已把張當作一個溫柔可愛的伴侶，有了她才得能組成一個自己的家，並從此結束了許多年來寂寞漂泊的生活，現在他已反而依賴她的撫養和支持了。他們的關係就像是一座沙漏的平面圖形，從上端的兩邊沿着斜坡下來，在中間相交，然後位置逆轉，直到下端。雖然事實上，張愛玲對賴雅的依靠，比她所承認的更加深切。

兩個人都爲出門而整裝行李，只是目的和心情各不相同。張愛玲對這次以覓取新的經濟來源而奔波的臺灣和香港之行滿懷希望，而賴雅則憂心忡忡，爲這個生活了兩年半的安樂窩一旦拆散而悲哀，也爲未卜的前途而擔心。

十月初，張愛玲離開舊金山首途臺北，他送她到機場，再返回到他們的公寓時，傢俱已經變賣，房中空蕩蕩的一片凌亂，人去樓空，心也碎了。鄰近鮑威爾街中開的纜車，上坡下坡時，依然歡樂地叮叮噹噹響着。窗外整條布什街雖依舊浸沐在陽光之下，但是他只看到自己公寓中的一片陰暗。在他內心深處，只怕她會一去不復返了。

第八章

張愛玲在臺北中途下機，準備對她計劃階段中的小說《少帥》做些資料研究。這篇小說是以眾所周知的一九三六年西安事變的歷史爲背景。一九三六年冬，年輕的軍閥（即小說書名少帥其人）張學良（與張愛玲非親非故）爲了迫使蔣介石指揮他所轄的軍隊抵抗日軍的掠奪行徑，綁架了蔣，一時間，整個中國都震驚得目瞪口呆。在釋放蔣的條件經協商一致後，張學良親自陪同蔣介石一起從西安飛往南京，作爲悔改的證明以昭示天下。張學良到了南京就被蔣軟禁起來。當時張愛玲十六歲，在這一感受力極強的年齡，一定把西安事變當作驚天動地的大事。如今她決定將這段歷史經戲劇化後寫進她的小說中去，而以少帥和他生活中的兩個女人爲主線。這段歷史雖然已過去了二十五年，但是對於熟悉世界大事的部分美國人來說，依舊是記憶猶新，因此都會是小說的內定讀者。蔣介石撤到臺灣時，把張學良也挾持而去，並仍舊軟禁起來。看來張愛玲曾要求能與元帥（這時年紀已經不輕了）面談一次，以期弄清西安事變的細節作爲她小說的材料，但是這個要求未被接受。當她抵達臺北機場時，一個男子走來問道：「你是尼克森夫人嗎？」她聽了茫然不解，怎麼會有人把她錯認爲金髮的尼克森夫人。她把這件事講給來機場接她的朋友們聽時，他們告訴她這男子的神志不太清醒，專在機場東遊西蕩去迎接美國的達官顯貴，這才使她恍然大悟。這是她第一次來臺北，然而不知什麼緣故使她聯想起了上海，就好像她已回到了大陸，她對東道主喊道：「眞像是在夢中，但又不可能。」對此，女主人只能苦笑。

利查·麥卡錫對張愛玲一直都很好，現在任美國駐臺北領事館的文化專員。他爲張安排了與幾位臺北很有前途的年輕作家見面，在座的有白先勇、陳若曦以及王禎和，他們在幾年後都成爲有名的作家。張愛玲在席上雖不多語，給年輕作家印象卻很深刻。

那年王禎和是臺灣大學二年級學生，但他已發表了幾篇小說，其中張愛玲所喜歡的是一篇名爲〈鬼、北風、人〉。她對小說中所描繪的臺灣人文化頗感興趣，因此要求麥卡錫爲她安排到花蓮去一次，因王是花蓮本地人，就由他來作陪。王和他母親在他家經營的雜貨舖樓上爲張愛玲準備了一個房間。他們覺得她是一位脾氣很好、意氣相投的客人。在旅遊、參觀當地景色和參加舞蹈節時，她都顯得很高興，甚至還去訪問酒吧女郎和青樓女子，她們也對她欣喜相視，因爲當時在臺灣市鎮中絕少見到一個美國訪客。爲了紀念這次相逢，王禎和和他母親邀請張愛玲一起到照相館去拍照留念，張欣然同意，爲此，足足化妝了一個多小時。

在抵達他們計劃中的第二站臺東時，火車站站長通知他們賴雅又一次中風了，麥卡錫正在臺北尋找他們。張愛玲用公用電話與麥卡錫的住宅聯繫，費時甚久。她雖然感到狼狽但仍能保持平靜，和氣地請等用公共電話的人去用另一個電話亭。她乘巴士從臺東回到高雄，再換夜間火車開往臺北。在火車上，王禎和買了橙子給她，然而，火車徐徐而行實在令人焦急，抵達臺北火車站時，張愛玲已覺得精疲力竭。麥卡錫派車來接他們，先把王送到宿舍，張憂傷地和他告別，然後再到麥卡錫的住宅。

在臺北，張愛玲才了解到賴雅發病的詳情。他當時先把行李托運到華盛頓請霏絲保管，然後在張動身後一星期，自己也啓程了。他乘巴士去華盛頓，在經賓夕法尼亞(Pennsylvania)的比佛瀑布市(Beaver Falls)路上得了嚴重中風，在當地一家醫院中昏迷過去。霏絲得知後趕到比佛瀑布市，然後把他接回到華盛頓她家附近的醫院中去，就在比佛瀑布市，把這壞消息通知了麥卡錫，張愛玲聞之嗒然若喪。然而只爲經濟上的原因，她回不到賴雅的身旁，因爲當時的機票還是相當昂貴，她的錢只夠到加州，她必須先到香港去寫更多的電影劇本，才能把賺來的錢來應付他們的需要。

於是她從臺北飛往香港。抵達後即試與賴雅聯繫，但因不小心寫錯地址，遺失了前五封信，至六二年一月才第一次讓賴雅收到她的信。闊別了六年，香港正在飛快地重建，整條整條街被掘起，到處聳起了摩天大樓，因爲大陸正遭受三年自然災害，新的逃難者如潮湧來，住房變得非常緊張。她先在宋氏夫婦的公寓下榻，不久，在附近另一所公寓中找到一個小房間。女房東也是上海來的，她解釋之所以把房子租出去，是因爲她要經常寄食品和衣服包裹給上海的親戚們，所費頗鉅，故而非願意，實不得已。

儘管城市經過重建，她還是找到了大學時代常去光顧的青鳥咖啡館，依舊在天星輪渡的旁邊。她進去爲的是尋找司空，因爲美國無處可買，即使外形有些像也滋味不正宗。咖啡館中的圓形玻璃櫃檯倒還是放在入口不遠處，只是裡面沒有司空。於是她就上樓去找，樓上是一間陰暗的大房間，有許多火車座，上海口音的商人邊喝下午茶邊談生意，聲音嘈耳。靠近樓梯口有一只小玻璃櫃，擺滿了外形像蠟製的蛋糕。她轉身就走，兩手空空。

另一次，她在一條僻靜的小街上發現「老大昌」的招牌，驚喜交集。但是櫥窗內竟是空空如也。也許是因爲午後陽光太強之故，不便展出吧，但是走進店堂，玻璃櫃中的點心也寥寥無幾。既沒有她在聖瑪麗亞女校年代所喜愛的十字底麵包卷，也看不見匹若嘰。她實在選無可選，只能買了一隻扁圓形羅宋黑麵包回去，但是這隻麵包硬得像塊石頭，即使用刀也奈何它不得。香港的「老大昌」與上海的「老大昌」有天壤之別。

張愛玲在香港待了五個月，很不如意。她是因宋淇爲她張羅來的預約任務而來的，爲電懋公司寫中國古典小說《紅樓夢》上、下集的電影劇本，稿酬爲一千六百至二千美元左右。令她驚奇的是香港電影公司的體制與四十年代她全盛時期的上海體制不同了。在四十年代，導演因爲她出劇本而對她頻獻慇懃，不僅因爲她是位名作家，而且也因爲她的作品質量高，從而保證了高票房價值；但是在香港，導演的地位倒轉了，他們是電影製作中的最高權威（除了公司老板外）。以他們的尺度來衡量，張愛玲的位置排得並不高，在那些新導演的眼中，無論怎麼看，她的名聲都不算大。

她還受到健康狀況不佳的折磨。眼睛因潰瘍而出血，爲了抑制病情不得不常找醫生打針。又爲了能及時完成劇本寫作，俾能盡早返回美國，她只能從上午十時工作到凌晨一時，使她的眼疾更加惡化。兩腿又因舊金山出發的飛機座位狹窄而腫脹，至今尚未消退。由於沒有錢去買雙大一些的鞋子，只好耐心等到農曆年底大減價時再去物色。

最糟糕的是經濟上的窘迫，起初宋氏夫婦慷慨地借錢給她週轉，但是《紅樓夢》稿酬要等劇本完成後才能拿到，而劇本又在不斷修改，一時無法交卷。又因爲宋與張一樣，都是《紅樓夢》的專家，先入爲主，不能公平地判斷電影劇本的好壞，因此，他沒有審批權，只能等他的上司來做決定，因這兩位上司對這部古典小說從沒有看過。在這時，宋提出讓她另外再寫一部劇本，稿酬八百美元。即使爲此要躭擱她離港日程，她也在所不惜了。因爲她計算過，她們在舊金山的開支約爲每月二百美元，八百美元可使她和賴雅維持約四個月的生活，因此她欣然接受了這個任務。

她需要一件冬裝、一件夏裝、一件家常長袍以及一副眼鏡，總共需七十美元，還必須預付款，而她沒有很多現鈔支付。此外，她不得不把回去的機票費留起來，此款目前還不夠，還需預先儲蓄起來。她手裡倒有一張被她取消的舊金山船票，可以付還她一筆款子用來貼補機票。庫克(Cook's)旅行社已代她辦理，可是還得等一些時候才能拿到這筆退款。

一九六二年農曆新年來去匆匆。宋淇先是爲電懋舉行的春節活動疲於奔命，接着又需要爲電影公司首席明星尤敏爲被人誣告而出法庭，後來總算得直。張愛玲的第三部劇本已獲通過，但是《紅樓夢》上下集反而仍無音信。這時，報上傳說紛起，說是電懋的主要競爭對手邵氏電影公司將開機拍攝《紅樓夢》，準備搶在前頭。此說若屬實情，則電懋勢必放棄計劃。

果眞如此的話，就把她推到了絕望的境地，因爲這意味着她這次東方之行徹底落空，完全是浪費。她在小房間中整天透不過氣來，隨即晚上連夜失眠，眼睛又開始出血。農曆正月十五元宵節前夜，她站在公寓屋頂的黑暗中，可看到九龍遠遠近近公寓的萬家燈火，天空中懸着顆紅色的滿月，她自嘆在這茫茫世界裡除了遠在天邊的甫德南外，自己完全是孤獨的，甚至甫德南也未必能完全領會她所感受的揪心的痛苦。

如果過去張愛玲曾對在香港尋求新的生活抱有希望，現在則成泡影。她在美國的根固然紮得不深，然而在香港也建立不起安頓下來的基礎。從賴雅處來的消息現在帶給她很多寬慰。賴雅信上說在他女兒附近找到了一所小巧的公寓房子，他還把藍圖寄給她，房租不貴，她對賴雅的才幹頗覺得意。這樣，在華盛頓將有一個家正等着她回去，一想到此，她如釋重負。由於賴雅向來喜歡買家庭用具，她認爲可以節省，故而告誡他應少買物品，當然食品不在此例。她一向很迷信，早在五十年代，每當她要出書，總是要查查宋氏夫婦的算命的牙牌籤書，現在也不例外。書中言道一九六三年對她是個好年頭，她的命運將有轉機（由於《少帥》一書可能將在該年出版，此說像煞有介事），然而，眼前如何度過難關，仍使她犯愁，因此，第三部稿酬爲八百美元的劇本編寫任務找上門來時，實在是歡迎之至。

賴雅每次來信都催促她早日回去，因此，當他知道張愛玲對香港和孤獨都已感到厭倦，她需要家庭的消息後，大爲寬心。好容易才盼到她將在三月十六日回來的天大好消息，他提議在她回家的途中到紐約去接她，並在那裡玩幾天，就像一九五六年他們結婚後度過的歡愉日子那樣。但是她回答說由於擔心費用，她並不想去紐約，固然想在紐約生活，但不是以旅遊者的身分。她把希望寄託在下一部小說上，俾能使她的紐約長居之夢成眞。同時，她建議賴雅可代之以陪她觀光華盛頓。她告訴賴雅，對他如何花錢她從不反對，但是，如果錢是花在她身上的，那麼她覺得就有權說話。賴雅因爲喜歡她，的確是常常不惜爲她花錢的。

在香港搞得精疲力竭之後，她早就期待着回家的這一天。三月十六日，她終於乘上飛機，如願以償了。在以後的日子裡，她雖然仍爲電影公司寫劇本，但是再也不去香港了。

在華盛頓，賴雅在一月份選定的公寓座落在第六街一〇五號的皇家院(Regal Court)。不管名稱如何好聽，這是一所樸實無華的公寓套間，街上靜悄悄，離他女兒家不遠，距國會圖書館(Library of Congres)也很近。他現在天天都到圖書館去，每次走不同的路，借此可以熟悉周圍的環境。在三月十六日那天，他寫道：「愛玲離港之日。」自從張離家以來，這一天也是他期待已久的日子。張曾寫信告訴他，她將於三月十八日抵達，但是賴雅還是痴痴地在十七日就到華盛頓機場去迎接她。第二天，他又與霏絲一起去機場。看到張步下飛機令他喜悅萬分。他們乘車回到市內，賴雅急於要讓她看看新公寓，她果然挺喜歡的。他準備了咖啡和麥片粥。這天風很大，但是他們還是一起暢遊了國會大廈和國會圖書館。國會大廈的內部和周圍公園都極富麗堂皇。回家後，張先爲自己炒蛋吃了就休息，讓賴雅做漢堡包及沙拉當正餐，味道頗美，這一天他已夢想了四十天了。

第二天，張愛玲有機會仔細看看這所公寓以及賴雅所買的傢俱。她談了香港之行的種種情況，又把宋氏合家歡的照片給他看。儘管在香港那段經歷是不愉快的，她給他的印象還是生氣勃勃的樣子。他們一起去國會圖書館，給她申請一個桌位，結果安排在他附近。隨後她便查出研究《少帥》所需的書。傍晚，他們到霏絲家用餐，張送給他們香港帶回的小禮物，接着他們熱烈地交談起來，霏絲的大兒子捷樂米（Jeremy）對她大談特談大孩子話。隨霏絲參觀了樓上後，便回自己的公寓去了。

張愛玲回來不到一個月，賴雅又得進醫院住了幾天，使張和霏絲忙碌起來。同時，張還得完成香港委託的電影劇本稿，自然是極其緊張的，但是她百折不撓地及時完成了稿件。

五十年代的華盛頓還是一座沉睡的南方城市，爲紐約的時髦人士所不齒。自從甘乃迪家族（Kennedys）在六十年代初來此以後，華盛頓略增時髦。然而，對於賴雅夫婦來說，無論政治風向還是時裝風尚的變化如何都無甚興趣。對他們重要的是，這個城市的環境是幽靜的，生活是慢節奏的，美國最大的圖書館出入是方便的，因此，就生活和散步而言，這是一座舒適的城市。

他們在華盛頓的生活按常規進行。賴雅照舊起牀後用完早餐，便步行到圖書館去辦公。下午去買些用品，在鄰近辦些事，或與張愛玲一起到市中心的海格氏(Hecht's)或伍德華德(Woodward)大百貨公司去購取一周所需的物品。雖然張也偶而與他一起在圖書館的自助餐廳用午餐，但是她寧可待在家中寫作。

賴雅還是一如既往深愛着張愛玲，他瞧她睡着的時候覺得她的臉眞美。有一天下午三時從圖書館回到家裡，發現她不在家，使他感到寂寞。到了上燈時分仍不見她回來，便開始侷促不安了，打電話到牙醫診所詢問下午是否有她的預約門診，然後又打電話給警方要求搜尋，幸虧這時她出現在門口，才撤銷了搜尋。十二月份中一天，寒氣澈骨，他步行去圖書館時，在雪地中冷得發抖，膝蓋三次幾乎扭傷。回家後，他再也不能去雜貨店購物，張愛玲就代他去了。可是去了很長時間不見回來，他心焦地等着，盯着窗外幽暗寒冷的天空。她終於回家了，手裡提着雜貨，還給他買了塊毛毯。賴雅做了晚餐，她則吃得津津有味。看了幾本雜誌後，他挾着毛毯早早去睡了，覺得蓋着這條毛毯眞舒服。

他們上戲院比過去少了，但是他們還是去看了那年奧斯卡得獎片〈梅崗城故事〉(To Kill a Mocking Bird)，還有〈醜陋的美國人〉(The Ugly American)，賴雅終於在此片中讚賞馬龍白蘭度之表演。但他最欣賞的還是費雯麗。看了她主演的〈人約黃昏後〉(The Roman Spring of Mrs. Stone)，他對費雯麗的美麗和儀態讚不絕口。他也帶她去看布萊許脫著名的戲劇〈三辨士歌劇〉(The Three Penny Opera)，講的是盜賊中沒有信義可言。看來張還喜歡此劇。他還介紹了布萊許脫另一部作品〈四川賢婦〉(The Good Women of Setzuan)，因爲它是以中國爲背景的。他談了布萊許脫的政治態度和劇本，但從未提到他曾卑鄙地對待過自己，以及從此分道揚鑣等事。

一九六二年七月二十六日是賴雅七十一歲壽誕，早晨第一件事便是張愛玲對他說：「生日快樂，甫德！」隨後一起到灰狗巴士車站，乘車一小時去巴爾的摩(Baltimore)。她在車中只是打盹兒，抵達後，找到了市中心，在一海鮮飯店以帝國（最大的）蟹與軟蟹二種爲午餐。進餐時，碰巧見他的朋友克蘭(Klein)走來，克蘭遂用車帶他們全城觀光。巴爾的摩港口已破敗淒涼不堪，不足一觀，於是一起去米勒氏(Miller's)用晚餐，隨後乘巴士回華盛頓。賴雅因碰巧遇見克蘭而覺得這是幸運的一天。

賴雅是爲了與他的女兒霏絲靠近一些才來到華盛頓，而霏絲則因她丈夫邁爾文(Melvin)的工作而從佛羅里達移居此地，她丈夫被任命爲史密斯索尼亞學院(Smithsonian Institute)的海事歷史學家（曾與張愛玲就中國海船談論過一次）。霏絲年約四十歲，是一個能幹而又精力充沛的女人，在華盛頓芭蕾學校(Academy of Washington Ballet)中任行政管理和教師。此外，她還要照管有三個十多歲兒子的家，最大的兒子捷樂米快要讀大學了。霏絲每星期與賴雅在電話中通幾次話，幾乎每週都邀他去家中吃一次晚餐。賴雅年輕的時候對他的獨生女兒從不多花時間，現在到了七十出頭的高齡才覺得家庭的快樂。他不但覺得與霏絲作伴很有趣味，而且與三個外孫搭檔也意氣相投。他與他們一起下棋、看棒球，對他們學校中的活動也頗感興趣。從前他有一張能言善辯的鐵嘴，現在他的故事在三個男孩子中又找到聽眾了。

過去，在霏絲到彼得堡及舊金山去探望賴雅的時候，張愛玲和霏絲見過幾面，雖然表面上是客氣的，但是，這兩個女人相互之間並未感到眞正的稱心。原因之一是她們年齡相仿，對於賴雅的愛心有種說不清的對立感。張從未生過孩子，現在卻做了後母，而且後母的年齡與女兒差不多大，她對於這種情況沒有心理準備。因此，儘管霏絲夫婦經常請他們用餐，張愛玲卻很少伴他一起去，寧願待在家中自己煮些小吃。一九六二年四月有一次她參加了他們夫婦舉辦的大型派對，她穿了一件用她母親的大圍巾改製而成的新衣服大出風頭，在派對中博得好評。

賴雅通常一個人到女兒的家中去，有時爲張愛玲帶些食品回來，但是在節日，例如感恩節及復活節之類，張也拒絕參加節日正餐，不免惹得他有怒氣。他不能理解爲什麼他的愛妻就是不能和他的女兒和外孫一起共享他的愛心。張不願接受別人的恩惠，她之所以謝絕不去是因爲無法回請霏絲夫婦（雖然後者其實從未期望過什麼回請）。她又不曾向他充分地解釋理由，總是以胃病發作推託了事。

許多年前賴雅還很富有的時候，他是很慷慨大方的，常送禮物給朋友，也常解救別人的急難，現在雖已落得個兩袖清風，但是慷慨大方的脾氣沒有變，他會在僅存的幾件舊篋中去尋找些小禮品送給他幾個外孫。有一次，他送給捷樂米一副做工精巧的象棋，捷樂米把它珍藏了許多年。

他的信仰與性格一樣，晚年與早年一致。他對共產主義理想，始終堅信不渝。蘇聯史達林對同黨同仁，甚至家屬之屠殺，或者後來中國文化大革命時期慘無人道的狀況，他都視而無睹，以爲是西方媒體的曲解誤會。放棄自己終生的信仰，自然是痛苦的。他自己做人一生善良，不太能想像人性中殘暴可怕的部分。

可是賴雅的健康正在走下坡路，到一九六二年五月，他出血並又得了小中風，但兩個月後便康復了。同年十二月，爲做疝氣手術他必須住院。起初他拒絕預付二百美元，但在張愛玲和霏絲的堅持下讓步了，住院七天花費四百一十五美元。他覺得在家中復原要好得多，因爲有愛玲在一起，霏絲也經常來看他。有一天，外孫也都來看他，張請他們吃冰淇淋和糖納子(Donuts)。見到他們使他感到生活中的歡愉。

張愛玲也受到一些小病的折磨。很可能因爲喜歡甜食，牙痛常發作，看過一次牙醫但不甚滿意。依從賴雅的勸告，她改到喬治頓大學(Georgetown University)就醫，每天要費很長時間。牙醫的預約時間通常總在早晨，而張一向起牀很晚，故而不得不開了鬧鐘，以便及時乘上去大學的巴士。有一段時間她還常去看足疾門診。爲了隱形眼鏡，她曾在舊金山做過不少努力，現在也不太好用了，還得寫信給眼科醫生修理。

他們的常規生活中不時有些小災小難。有一次張愛玲自己燙頭髮，賴雅要在最後灑兩杯水在她頭上。第二天他起牀時，發現她早已起來了，這倒令他奇怪了，後來才弄清原來她的頭皮因化學藥品的刺激，使她不能入睡。又一次，房東來收房租後剛過半小時，電冰箱的門便自己脫落下來。她難得地喃喃罵了一聲「該死」(Damn)，幸虧門沒有砸在她身上。

一九六三年七月，賴雅失去了國會圖書館中有固定書桌的特權，不過仍可去那裡閱讀和借書。儘管如此，他還是覺得少了一個每天可以去坐坐的地方。也許正因爲如此，他在華盛頓街道上散步次數更多了。不久，在一次散步時跌了一跤，於是又臥牀不起。顯然就是在這時，他不寫日記了。然而，更糟糕的事還將臨頭。

一九六四年六月二十日，一架飛機在臺灣中部墜落，全島爲之震動。而這場空難的影響甚至波及遠在重洋之外的華盛頓。在這次事故中喪生的旅客名單中有一個陸運濤，他是新加坡一個集團的首腦，這個集團控制着香港電懋電影公司。由於陸本人對電影製作很熱心，儘管電懋從來也不是他公司中獲利很大的中心，他依舊一直支持着電懋。如今他已經作古，電影公司失去了靠山，士氣瞬即渙散。事實上，新加坡的母公司將在幾年中把電影公司結束。宋淇是電懋的製片，他已決定不久便將脫離公司，另謀出路。張愛玲爲電懋所寫的最後一部劇本是依愛密莉·勃朗蒂(Emily Brontë)所寫的《魂歸離恨天》(Wuthering Heights)而改成的中文本，已爲電影公司收到，但是沒有拍成電影。失去宋淇的斡旋，張愛玲就不可能再在香港出售電影劇本，因此也失去了她收入的主要來源。

張愛玲和賴雅兩人雖然都有數目甚小的版稅費源源而來，而且他每月還可得五十二美元的社會福利金，但是其總和仍不足以維持他們最低生活之需要。張通過勒德爾賣給《記者》(Reporter)雜誌一篇文章，題名爲〈重回前線〉(A Return to the Frontier)，幽默地記述了她臺灣和香港之行，稿酬不到三百美元。由於電影劇本寫作的收入已不可求，她必須另想別法來彌補損失，首先，她決定從皇家院的簡單公寓搬到黑人區中的肯德基院(Kentucky Court)，屬於政府廉價住所。第二步是重新與美國新聞處U.S.I.A.接觸，由此得到較多的翻譯任務。麥卡錫在此時前後已回到華盛頓，指派給她任務，並以最高的酬金支付給她。在以後的二、三年中，她爲美國之音的廣播節目將幾部西方小說改寫成劇本，包括莫泊桑(Maupassant)、亨利·詹姆斯(Henry James)以及蘇聯小說作家索忍尼辛(Solzhenitsyn)的小說。

一天，賴雅從國會圖書館出來，在街上摔了一跤，跌斷了股骨。這次事故使他的活動能力受損，幾乎同時，他又幾次中風。張愛玲沒有汽車，每次都打電話給霏絲，要她幫忙開車把他們送到醫院。由於他的健康不斷惡化，他就愈來愈深居簡出。張在起居室中安裝了一架行軍牀由她自己用。因此除了翻譯工作外，她還負擔起一個護士的重任，這是她始料未及的，做得很差勁。由於他們兩人都覺得陷入困境而不能自拔，公寓中的氣氛陰沉而壓抑。一九六五年聖誕節將至，霏絲的三個男孩子以及捷樂米的女友安琪(Angie)都來探望賴雅，給他一些玩具作禮物。憂鬱和無助的氛圍是明白可見的，以致在告別時安琪忍不住飲泣起來。

賴雅癱瘓了兩年，又大小便失禁，陷於這艱巨萬分的困境裡，是張愛玲當初未能預料的。賴雅對她這些年來的厚愛，她自然是感激的，但她一生最重視的，是運用自己的天賦來寫作。在目前情況下，她是無法執筆的，她必須尋求脫困的辦法以便重新寫作。她聽說俄亥俄州牛津的邁阿密大學(Miami University in Oxford, Ohio)正在招募一名駐校作家，她便申請了。一九六六年九月，她奔赴牛津。動身前，她試圖說服霏絲將賴雅接去由她照管，但是由於霏絲全天工作，還要照管有兩個十多歲兒子的家，每天要照顧老父確實有具體困難。他曾在霏絲那裡住一小段時間，但不能解決問題，於是張轉而請兩個相鄰的黑女人來，給她們一些錢來照管賴雅，但是由於賴雅大小便失禁，她們難以將公寓保持乾淨衛生的狀態，因此也失敗了。最後，張從邁阿密大學回來把他帶到俄亥俄，從此永遠離開了華盛頓。在這段時間中，張愛玲和霏絲都處在無能為力的情況中，因為她們沒有力量去挽救賴雅。即使把她們的力量合起來也無濟於事。更為可悲的是賴雅絕不願成為兩個他所愛的女人的包袱。

邁阿密大學的任命並無教書的任務，但是希望張愛玲每周能為教職員和學生見面幾小時。在十月份出版的《邁阿密校友會》(Miami Alumni)上有一則關於張愛玲的消息，題目是：「一流的中國女作家，邁阿密的駐校作家」，對她的事業有一個簡短的編年介紹。英文系教授華爾脫·哈維荷斯脫(Walter Havighurst)，為人彬彬有禮，邀請她參加他的研究班，但是她沒有去，經提醒她已缺席後，張含糊地同意去參加，但是始終未出席過，類似的社交活動邀請她也都謝絕了。她竭盡全力只忙於自己的寫作和照管賴雅，無暇他顧。大學裡的官員們自然因為她在校園中不肯露臉而失望，他們當然不可能事先知道，張愛玲是二十世紀最少露臉的作家之一。而對張愛玲來說，她可能覺得這就像是再一次生活在文藝營中，除了筆耕不輟外，並無其他義務。由於大學僅提供公寓的住宿條件，以及適量的車馬費，而不支付薪水，因此，她覺得在校園中當一名駐校作家並沒有什麼義務。

就在俄亥俄的牛津時，張愛玲又申請並接受了洛克菲勒基金會支助翻譯晚清小說《海上花列傳》，關於這部小說，一九五五年曾與胡適博士討論過一次。此外，位於麻州康橋的賴德克利夫大學(Radcliffe College)中朋丁學院(Bunting Institute)邀請她爲成員，該大學是哈佛的姊妹大學。一九六七年四月，她帶着丈夫悄悄離開了邁阿密大學前赴康橋，沒有向任何人告別。這時，賴雅病重已久，瘦得只剩下一把骨頭。在一所公寓中安頓下來後，賴雅的表親哈勃許塔脫來探望他，當年他們在彼得堡時曾幾次來訪見過這位表親。當賴雅見到他時，便把頭轉向牆壁，並要求他離去。那時賴雅已不太能行動了。過去，賴雅總是要讓別人的生活裡因爲有了他而快樂，如今，他受不了讓別人因他而難受，因此，一九六七年十月八日他走完了人生的道路時，對他來說終於得到了解脫。他的遺體火化後沒有舉行葬禮。他的骨灰轉交霏絲後由她安葬。

賴雅的去世對張愛玲來說既是解脫又是損失。說是解脫，是因爲她本不是一個強壯的女人，幾年來爲了照管他歷盡艱難，她已精疲力竭了。說是損失，是因爲賴雅是她一生中唯一如此愛她，關心她的人。即使在一九六七年，她已知道這種愛她今生今世再也找不到了。但是，爲了他這份愛，張愛玲也付出了巨大的代價。從此之後，她也不再爲此作追求了。

第九章

一九六一年，夏志清出版了他著的《中國現代小說史》，此書是中國現代文學研究中的一塊里程碑。書中有一章專論張愛玲，其中有一段錄之如下：

但是對於一個研究現代中國文學的人來說，張愛玲該是今日中國最優秀最重要的作家。僅以短篇小說而論，她的成就堪與英美現代女文豪如曼殊菲兒(Katherine Mansfield)、安泡特(Katherine Anne Porter)、韋爾蒂(Eudora Welty)、麥克勒斯(Carson McCullers)之流相比，有些地方，她恐怕還要高明一籌。《秧歌》在中國小說史上已經是本不朽之作。

在當時，這樣的評價完全是非正統的。儘管四十年代初張愛玲在上海享有短暫的盛名，畢竟中國公認的評論家從未把張愛玲看作一位嚴肅的作家。《秧歌》一書也並未擁有廣大的讀者，而且此時恐怕也已被人遺忘了，正如張愛玲也已是一個差不多被人遺忘的作家了。但是，夏志清對小說選擇和評價的判據卻既不是政治上的正統，也不是過去名聲的顯赫，他的判據是依照文學上的優秀。

夏志清將這一章送到他兄長夏濟安處，夏濟安那時是臺北《文學雜誌》的主編，他親自翻譯了這篇文章，並在一九五七年分兩部分發表。到一九六六年，香港的宋淇與臺灣雜誌《皇冠》的出版商平鑫濤連絡，準備在臺灣重新出版張愛玲的作品。夏志清這一年恰去了臺北，作了作者的代表。湊巧的是平鑫濤竟是平襟亞的姪子，當初一九四四年張沒有同意由平襟亞的中央出版社來出版她的文集，想不到現在又由平家的小一輩來接手此事。

夏志清的〈張愛玲論〉發表數年後，她的舊作又重新出版，引起了臺灣讀者的興趣，使她東山再起，爲她提供了經濟上的保障。同樣重要的是，她的作品在新一代作者中有巨大的影響，一方面因爲她確是一流作家，值得他人摹仿，另一方面也是因爲國民黨政府禁止二十年代至四十年代的左翼文學，在出版上幾乎製造了眞空，新作者除張愛玲之外，鮮有其他優秀作家可效法。

自從一九四九年蔣介石撤退到臺灣後，仍舊大權集於一身，但是在他領導下，國民黨政府爲大眾提供了安定的社會秩序，以及切實可行的經濟政策，臺灣百姓得以自己努力，在經濟上踏步前進。六十年代中期，臺灣已建立了小康經濟基礎，使它在三十年後成爲繁榮和民主的社會。

一九六七年，《北地胭脂》終於由英國的凱塞爾(Cassell)出版社出版，但是英國的評論家給予的評語甚差。尋找出版商是一難，出版後銷路不暢是二難，不友好的評論是三難，張愛玲對於今後用英文寫小說從此不抱希望，反正寫中文，更有銷路。後來她將《北地胭脂》又翻譯成中文，取名《怨女》。

約在同時，她正在修訂《十八春》，改名爲《半生緣》出版，但結局已經重寫，比原來在一九五一年上海所寫的要高明得多。新版中，曼楨從醫院中逃出後倖存下來，並清貧地教了幾年書。已經病入膏肓的姊姊懇求曼楨看在自己兒子的面上，搬回祝宅去住，但是遭到了拒絕。隨後，她的姊姊去世了，祝鴻才也丟了家產。兒子因照顧不周而患重病，爲了孩子，曼楨不得已同意嫁給那個強姦過她的男人，因爲這是拯救孩子的唯一途徑。結婚的結局是一場災難。在迫不得已的情況下，散盡了錢財才與祝離婚，換來了對兒子的監護權。現在只能含辛茹苦地過日子。一天，與世鈞偶而相遇。世鈞這些年來因與一個嬌生慣養的富家女結婚，生活過得並不幸福：

重逢的情景他想過多少回了，等到眞發生了，跟想的完全不一樣，說不上來的不是味兒，心裡老是恍恍惚惚的，走到衖堂裡，天地全非，又小又遠，像倒看望遠鏡一樣。使他詫異的是外面天色還很亮。她憔悴多了，幸而她那種微方的臉型，再瘦些也不會怎麼走樣。也幸而她不是跟從前一模一樣，要不然一定是夢中相見，不是眞的。

在餐館裡，他們有機會單獨在一起：

曼楨道：「世鈞。」她的聲音也在顫抖。世鈞沒作聲，等着她說下去，自己根本哽住了沒法開口。曼楨半晌方道：「世鈞，我們回不去了。」他知道這是眞話，聽見了也還是一樣震動。她的頭已經在他肩膀上。他抱着她。

最後，她終於有機會向他傾訴這些年來她所經受惡夢般的全部遭遇：

那時候一直想着一朝一日見到世鈞，要怎麼告訴他，也曾經屢次在夢中告訴他過。做到那樣的夢，每回都是哭醒了的。現在眞在那兒講給他聽了，卻是用最平淡的口吻，因爲已經是那麼些年前的事了。

世鈞爲了彌補她所受的苦難，願意爲她做一切，然而他已不可能將過去修復回原。受着兩個孩子的牽連，他也不能爲了她的緣故改變生活：

她一直知道的，是她說的，他們回不去了。他現在才明白爲什麼今天老是那麼迷惘，他是跟時間在掙扎。從前最後一次見面，至少是突如其來的，沒有訣別。今天從這裡走出去，卻是永別了，清清楚楚，就像死了的一樣。

曼楨的夢境終於實現了，也意味着他們關係的最後了斷，因爲時間不但是毀滅性的，而且也是無情的。由於張愛玲成功地以兩個主人翁經歷多年的深情愛意來使讀者信服，因此最後的相遇就更爲淒楚。在《半生緣》中，張愛玲將她的悲劇視角引導進一個極有感染力的故事之中。

一九六九年，柏克萊(Berkeley)的加州大學中國研究中心主持人陳世驤教授，深知張愛玲的才華，請她擔任高級研究員的職位。她擔任了對大陸共產黨專用詞彙的研究。在大陸新政府下生活了三年，她無疑是有資格勝任這個任務的。但是指派給她的工作主要是學術研究的性質，而她並沒有在方法學上受過訓練，而且按性情相近而言，她是一位有創見的小說作家，對這項工作未必中意。她是按自己的方法工作，抵達辦公室的時間大多是在同事們下班以後，一直工作到半夜，這種作息時間使同事們無法與她來往，因此當她的上司陳世驤故世後，她就丟了職位。

但是，如今張愛玲從臺北皇冠出版社那裡有了較穩定的收入。因爲她那些早期作品的重新出版，這些書在讀者和評論家中名氣正愈來愈響，她在香港和臺灣兩地刊物上偶而發表的文章，也保證能得到最高酬金。這些收入加起來換算成美元，雖然，不能算是優厚的，但已足敷一個單身女子簡單生活之需要。在她的漂泊生涯中，一向輕裝來去，並通常設法租用有設施的公寓，因此她幾乎沒有自己的傢俱，有的只是些最簡單的必需品。此外，她雖然讀書極多，然而她並不看重要有自己的藏書，她寧可向圖書館借閱。她對宋淇說過這樣的話：「一添置了這些東西，就彷彿生了根。」

就像過去一貫的那樣，張愛玲總是生活在自己設置的與世隔離的狀態中，既沒有客人來訪，也很少通電話。她與世人的主要聯繫是通過書信，通訊的人也不多。但是她與宋氏夫婦卻經常保持通信，傾吐她內心的思緒和煩惱。自從賴雅去世後，宋氏夫婦也許是她感情依戀傾吐唯一的對象。

臺灣作家中眾多年輕的仰慕者之中，有幾個人曾設法與她取得過一些聯繫。其中一人便是王禎和，也就是當年在花蓮時的東道主。王大學畢業後在國泰航空公司工作，有多次享受免費去美國的機會。張愛玲當時住在康橋，就答應在那裡接待他，並爲他安排了旅館。但是王因第一次來美國，竟在紐約迷了路，因此沒能去波士頓。張後來告訴他，曾白白等了他一整天，第二天就頭痛起來了。幾年後，王又在愛阿華(Iowa)住了一年，希望再與她見一次面，但是這次她謝絕了。他們還是通信保持聯繫，因爲她認可他的才華。王禎和後來成爲他這一代中傑出的作家之一，他的兩篇小說〈鬼、北風、人〉以及〈來春姨悲秋〉都是特出的使人難忘的作品。一九九〇年王禎和英年早逝，未能充分發揮出他的潛力。他去世後，張愛玲雖只與他母親在一九六一年相遇過一次，但還是寫了一封慰問信給她。

另一個人是水晶，他一九七三年出版的《張愛玲的小說藝術》，迄今仍是這一體裁中最好的一本。一九七一年張愛玲還在柏克萊的時候，她因熟悉水晶對她作品的文字評論，竟一反常態，允許水晶來與她面談一次。她當時住在大學校園旁杜蘭街(Durant Avenue)上公寓的三層樓，從法式落地長窗可以看到街景。他們促膝長談了七個小時，覆蓋了文學主題中的大幅跨度。當時她已寫完《少帥》，並試圖用英文出版一部已完成的小說，甚至計劃寫一部有關美國人的小說（很可能是從與賴雅、他的朋友和他家族一起生活過的經歷中提煉出來的）。像平常一樣，她對自己的作品很謙虛，同時對於未來作品細節的討論則不願多提。

一九七二年她終於取得經濟上的保障，不需要爲了維持生活去申請獎金支助或研究員職位，也終於可以自由地選擇所喜愛的城市去居住，結果她選定了洛杉磯。多年來她一直盼望到紐約去住，但是這時紐約顯然已走下坡路，犯罪率上升，秩序混亂。另一個因素當然是洛杉磯氣候宜人之故。此後二十多年來她曾在洛杉磯搬來遷去幾回了，通常她都選人口較密集的地區去住，例如好萊塢或西木區（Westwood），因爲在步行距離內可找得到銀行和雜貨店。她是城中稀有的不開車的居民。

她遷去洛杉磯，是由莊信正協助的。她第一次見到莊信正，在一九六六年，她去印地安那大學參加中西文學關係研討會，那次由莊接待她。莊信正是大學中比較文學研究生，博士論文是《紅樓夢》，又是張迷，與張愛玲很談得來。之後莊信正在有些事項中幫她忙。如三年後，她遷去柏克萊之時，即請他尋覓公寓。莊爲人誠懇可靠，幫她幾次忙後，很得她信任。一九七二年她搬去洛杉磯時，又請其在新城市找房子。莊信正幫她找到在好萊塢區一公寓，多年前似乎也是豪華住所，但已成破落大戶樣子，張愛玲也不介意。公寓內中供傢俱，張自己只帶了一臺心愛的鋼製立燈，排着三個可以轉頭的燈罩，每隻燈泡都是二百燭光，可把客廳照得雪亮，但內中連作家的書桌與書架也沒有。

她雖住在同一城中，平日很少與莊見面。一九七四年六月，莊信正將離去洛杉磯，張愛玲得消息後，請他與莊太太前去訪問。她在那亮如白晝的客廳裡，忙着張羅咖啡、冰淇淋來招待客人。因她平日不請客，湊足碗匙也不容易。吃喝以後，她坐下來看莊氏夫婦帶去的照相簿，看得津津有味。然後，她展示自己的照相簿，內中有她童年時的家庭照，她四十年代初全盛時期的許多照片。另外也有她母親與姑姑年輕時照相，與她們很時髦的朋友。訪問長達六、七小時，賓主皆歡，至凌晨三時半方散。莊信正雖離開洛杉磯，張愛玲始終與他保持聯繫。他臨走前，又替她介紹了一位可靠的中國朋友，人在洛杉磯，張愛玲有急需時就有人可託了。

一九七八年在皇冠雜誌出版了她三部短篇小說，其中顯然〈色、戒〉是部不朽之作。故事是以四十年代爲背景的，主人翁王佳芝是一個非職業間諜，與她一起的愛國學生團體工作，目標是除去傀儡政府特務頭子易先生。她的任務是扮演一個誘餌的角色，把易先生騙到一家珠寶店的私人接待室裡將他暗殺。

在張愛玲作品中，這是一部最具象徵性的小說，因爲小說中把鏡子、玻璃窗、玻璃門、玻璃盒、寶石及鑽石戒子一切閃閃發光的反射體巧妙地穿插進去，而這些反射體都是張習慣地用來作爲人類虛空和幻覺的象徵。在珠寶店私室的關鍵時刻，易先生正準備爲王佳芝買一隻粉紅色的鑽石戒子，王也知道，就是這隻戒子，他不曾同意爲自己的妻子買下：

他這安逸的小鷹巢值得留戀。牆根斜倚着的大鏡子照着她的腳，踏在牡丹花叢中。是天方夜譚裡的市場，才會無意中發現奇珍異寶。她把那粉紅鑽戒戴在手上側過來側過去的看，與她玫瑰紅的指甲油一比，其實不過微紅，也不太大，但是光頭極足，亮閃閃的，異星一樣，紅得有種神秘感。可惜不過是舞臺上的小道具，而且只用這麼一會工夫，使人感到惆悵。

王佳芝還是疑心自己是否眞的愛上了易先生，雖然她第一次感覺到對這個男人有一種親切感。另一方面，易先生也因爲中年之後有這樣的艷遇而感到吃驚。但是，他還是覺得有義務送她禮物：

陪歡場女子買東西，他是老手了，只一旁隨侍，總使人不注意他。此刻的微笑也絲毫不帶諷刺性，不過有點悲哀。他的側影迎着檯燈，目光下視，睫毛像米色的蛾翅，歇落在瘦瘦的面頰上，在她看來是一種溫柔憐惜的神氣。

這個人是眞愛我的，她突然想，心下轟然一聲，若有所失。

太晚了。

店主把單據遞給他，他往身上一揣。

「快走，」她低聲說。

他臉上一呆，但是立刻明白了，跳起來奪門而出。

她逃不走，和小組成員一起被捕了，經拷問後，就在當天被處決。

大體上〈色、戒〉的故事在高潮處轉變爲一種心理上劇情，它所探索的領域是非職業間諜的心態。這裡，女主人翁心中的脆弱、錯亂、空虛以及幻覺，不僅由她的思想和行為所反映，而且也被鏡子、玻璃和鑽石所反射。閃亮的鏡子、玻璃和鑽石確實不單是用作故事的背景，而且把人類生命之易碎，以及人性中感受之脆弱主題具體化了。在鉤畫獵人和犧牲品角色逆轉時，張愛玲創造了一幅難忘的女主角畫像，這個女人之死，是為了偉大而又渺小的戀情，同時也是為了既高尚而又荒謬的目標。張創造了一個與情節緊密配合的最為耀眼的鏡廊，以及一個極具反諷和極具感染力的故事。

以〈色、戒〉的標準來判斷，張愛玲在一九七八年時的創作活力並未衰退，然而她的創作卻已到盡頭，因為在隨後的十多年中，她專心致力於兩項主要任務，其一是對《紅樓夢》原文的研究，已收集在《紅樓夢魘》一書中。張愛玲熟讀《紅樓夢》，已到了心領神會的地步，因此做這項工作可謂駕輕就熟。在紅學研究的芸芸專家中，她的主要貢獻在於從一個小說作家的眼光提出她的看法，因此，對於曹雪芹寫《紅樓夢》所經歷的創作過程而言，她的意見更有分量。經過十年精讀後她所積聚起來的見解，對於進一步研究《紅樓夢》頗有指導意義。另一個饒有趣味的見解是她對後四十回作者高鶚的心理研究。看來，高鶚的妾自己下堂而去，而他又不便直接責備她，於是將一股怨氣發洩在小說主人翁（寶玉）未過門的小妾襲人身上。因此，在高鶚的修訂本中，襲人已被貶身價，把她寫得比原作更爲不堪。另外，張愛玲對《紅樓夢》中眾的人物之熟識，也是罕見的。她十幾年沉浸於此巨著中，幾乎成爲賈府一員，對賈府上下人物心理分析之細緻，在紅學專家中，絕無僅有。但《紅樓夢魘》在表現手法缺乏嚴謹的組織，她的許多有趣的看法如果聯貫得緊密一些，就會更有說服力。

其二是將用吳語寫成的《海上花列傳》翻譯成英文及國語。國語本便於不懂吳語的讀者閱讀。英文本迄今未見出版，而國語本則由皇冠出版社於一九八一年出版。張愛玲的另一個貢獻是爲這部小說做了許多註解，詳細描述了本世紀初前後上海的風土人情，特別是歡場裡面的。《海上花列傳》是一部有藝術價值的作品，甚至對古典小說最博學多才而且評價最嚴的魯迅，也稱讚它「平淡而近自然」。在戲劇性方法的運用方面，也即將小說所有的活動都轉變爲戲劇形成，這部小說是獨一無二的，就好像作者（韓邦慶）寫的是一部戲劇。與它的同輩作品相比，這部小說力求達到平淡無奇的現實主義，而又創作出平凡生活中的情趣。其他同時代的小說，無論是耳提面命、誨人不倦的警世小說，還是含情脈脈、眉來眼去的戀愛小說，都比不上它。然而，《海上花列傳》的瑕疵也是顯而易見的，它缺少中心人物來支撐戲劇性張力以保持讀者的注意力。所用的隱晦筆法在有些章節中太微妙，如果沒有張愛玲的註解（在過去的幾個版本中是肯定沒有的），諳於世故的讀者有時也會看不出作者的暗示。因此，這部作品不會得到商業性銷路，也是情理之中的。甚至張自己在她的《海上花列傳》譯本的序言中也自嘲式地承認，她的努力可能會無效。她寫道：「就怕此書的下一回目是：張愛玲五詳紅樓夢，看官們三棄海上花。」

生活在自己設置的與世隔離的狀態之中，她不是寫作，就是閱讀。她的趣味是廣泛的，從人類學到流行的暢銷書都看。在選擇閱讀材料時，她最重視人生中的眞實性，因此，社會學的文件以及傳記比起嚴肅的文學著作更能引起她的注意，因爲前者更有日常生活的情趣，常使她神往。出於同樣的理由，她也喜歡閱讀二十年代到三十年代中國的言情小說，特別愛好張恨水的著作。她對人類學的著作也感興趣，因爲它們涉及的都是久遠的生活，爲讀者提供了一個逃避現實的避風港，這也正是她閱讀的目的之一。

年復一年，張愛玲的聲望不斷提高，尤其在臺灣，在那裡，人們已公認她是一位小說大師。她的作品銷路一直不錯，其中〈傾城之戀〉、〈怨女〉及〈紅玫瑰與白玫瑰〉三部小說已改拍成電影，由此所得的稿酬不菲，因此，從八十年代開始，她即使不再寫任何新作品，也可以過一種她已久違的舒適生活了。

許多年來經歷了被人忽視的難堪之後，她又恢復了聲望，使她有一種含冤昭雪的感覺。在她內心的深處，她從來未懷疑過自己作品的藝術價值，現在這些作品被廣大群眾承認，使她感到了一絲欣慰。但是，這種欣慰比起四十年代初她成功頂峰時候的高興卻要沉着得多。在看過西方文學大師的作品，並知道他們已達到的巍峨高度之後，她對自己的作品持有一種新的眼光。同時，由於生活孤單，不像四十年代，沒有別人與她一起共享她的成功，即使她的姑姑也沒有被告知她東山再起的事，直到八十年代後期，還是別人把這情況通知她的姑姑的。

到了八十年代，臺灣和中國大陸都開始邀請張愛玲去作客訪問，但都被她既禮貌又堅定地婉言謝絕了。八十年代初，她曾想訪問其他一些地方，尤其是歐洲，因爲她從沒有去過那裡，但又都沒有去成。一九七九年中國的改革開放已經開始，不必再擔心與海外親戚發生聯繫，因此她與姑姑恢復了通信。一九九〇年左右，她姑姑請她回上海來探親，她因故謝絕了，卻寄了一筆錢給姑姑，並邀她來洛杉磯，還邀與她姑姑結婚十年多的丈夫李開第一起來。說來這位李開第與張愛玲很有淵源，他曾是她當年在香港大學念書時的監護人，因此在她年輕時就認識他。然而當時他們兩位都已是年近九十的老人，再也受不了旅途的顚沛，故而未能成行。她姑姑也許是家族中與她最親近的一員，可是在一九九二年逝世前，張愛玲再也沒有機會見她一面。

人一出了名，新聞價值也隨之而來，這卻不是張愛玲所期望的。臺灣的採訪記者人員追逐着她，使她非常不安。如果有人給他人偷躡追蹤，正常的反應是懼怕，由於她過的是自我封閉的生活，這種懼怕也就比別人強烈得多。同樣使她煩惱的是，她過去寫的那些隱沒在四十年代各種刊物中的小說和散文，都被人一一發掘出來，她對其中有些作品的質量並不滿意，然而，未經她的同意，卻都被發表出來了。更不堪的是有時還不付給她應得的報酬。

自一九八四年開始，張愛玲健康惡化。她在公寓中受蚤子侵擾，皮膚有了毛病，爲了避免蚤子，她離開公寓，在洛杉磯城中與近郊之汽車旅館裡，不停遷居，以致居無定所，茶飯無心，身體很受創傷，人也蒼老了許多。在搬遷過程中，又遺失了自己許多的手稿與證件。

有一時期，她自以爲會不久於人世，選了一手中尙留着的小古董品，送給麥卡錫，報答他當年替她移民美國作保之協助。

一九八八年，她方找到良醫醫治了毛病，重新在公寓中定居下來。此時，她已身力不足，一向簡居的生活，到此變得簡無可簡。找公寓時，她只求越小越好，房子要新，因她怕蟲。傢俱全是最簡單，自己可手提的。所以她公寓中僅幾件小傢俱，及一電視而已，牀也是行軍牀。作家所需的書桌也沒有。她本來不喜歡作家務，現在也不怎麼燒飯，買了冷凍食品或罐頭，用微波烘箱熱起來，營養有限，因而本來淸瘦的人，更瘦得脫了形。

八十年代中起，她身邊有一協助她之人。林式同是一建築師，即是莊信正所介紹的朋友，雖然林式同與她僅見了兩次面，他卻深得張愛玲信任。林式同與其他張所見之人不同，他不是張迷——連她的小說也不看。林相信中國文化中的俠義精神，爲人要鋤強扶弱，重然諾，講義氣。張愛玲則對中國傳統文化向來存疑，甚至反對，完全是個人主義信仰者，人不欠我，我不欠人，儘量不去麻煩他人，以免欠下了人情。按理兩人之思想信仰格格不入，但是林式同敬佩張愛玲之處，是她超脫出群的性格，沒有家累，沒有牽掛，對世物世事不留戀，人因此變得逍遙自在，很少世人可達到此種境界。因而他自願大力相助。雖然他不求也不曾得到任何回饋，他也不在乎。

張愛玲也確實需要人幫助。大約三年半的汽車旅館生活裡，她丟了證件，連身分證也不見了。住無定所，她可借林之地址作永久地址，以便申請證件。林式同幫她辦好補回公民身分證後，又幫助她取得聯邦醫藥保險、老人福利卡、圖書館借書證等。此外林又幫她搬家，也做過她房東。張愛玲在一九九二年還委託他做遺囑執行人。對他完全信任。

雖然如此，張愛玲還是保持了她一貫作風，除非逼不得已，拒不見人。第一次林去拜訪她，開了四十分鐘車，還得了一張罰單，張雖事先約好了見面，臨時變卦，仍拒絕開門。第二次張請他去，僅見了五分鐘而已，她借此判斷他人是否可靠。第三次是同去見最後公寓的房東，因張愛玲需要他作保。

平時他們來往，是通過電話與通信。張愛玲晚年思路依舊清晰，與她說話，猶如行雲流水，順暢自然。她對世上事物又有不少獨特見解。她晚年文章極少，無法暢談自己看法。最後幾年張愛玲身心寂寞，有了林式同可談天，幾乎等於是她對外之唯一徑道，所以有一次她說，「我很喜歡和你聊天。」

自從六十年代後期她重寫中文小說，她的題材均取自三十年代至五十年代初的上海，因爲張愛玲對一九五五年之後的中國社會沒有實地生活經驗，自己又未在美國社會紮根。但對她本人來說，張愛玲並不懷舊，去緬思自己往事。她的確超脫，到了近無慾望、牽掛、留戀的境界，正是林式同最敬佩的。

到了九十年代初，即使修書一封也要花幾天時間。她生活中最大的樂趣便是寫作，因此出現這種情況，前景殊非樂觀。儘管有困難，她還是在一九九四年發表了她的最後一部作品《對照記》。在這部作品中，她展示了她和她家人的照片一百多幀，特別是她早期的生活照片。這像是一個非常孤僻的作家在作一個告別的姿態，最後揭開了面紗的一角，使她的讀者能瞥到一眼她的眞身。同年，《中國時報》頒給她特別成就獎，以感謝她一生對中國文學的貢獻，她也確實受之無愧。這是五十多年前被《西風》補漏洞所掩蓋掉的「第一名」之後，第一次獲得眞正的獎項。

一九九五年九月初，張愛玲自知大限已近，但並不找林式同求救，因她臨終仍不想麻煩人。只是自己將重要證件放進手提袋，留在門邊。一天，張愛玲在睡夢中去世。幾天後，遺體在她的西木區公寓中被人發現。在遺囑中她要求把遺體火化，將骨灰灑在空地，不開追悼會也不立紀念碑。林式同完全遵照其意願，一一辦妥。她的遺物都留給香港的宋氏夫婦。宋氏夫婦爲她一生中最忠厚的朋友與知音，四十多年來，忠心耿耿地支援着她。只是他們兩人身體也已衰弱。她的死訊以頭版消息刊登在臺灣各大報紙上。雖然她在美國有意的處在隱居狀態，她的訃聞還是在一段時間後在《紐約時報》(New York Times)和《洛杉磯時報》(Los Angeles Times)上出現。

第十章

誠如張愛玲在〈天才夢〉一文中所述，她個性中有兩個決定性因素左右着她的一生，其一是對語言及文學有非同尋常的敏感；其二是對社交活動由衷的厭惡。這篇散文竟有奇異的預言性。

張愛玲三歲便會背誦唐詩；七歲便寫故事；十二歲在學校刊物發表文章；還是一個未涉世的二十三歲少女，在戰時上海初登文壇便轟動了社會。在香港大學就讀時，她已非常明確知道，她決定要做一個職業作家，事實上她可能早就有此想法。一九六八年她曾對一名訪問記者殷允芃說過：「只要我還活着，我就絕不停止寫作。」因爲寫作才是她活着的理由。這種對職業的獻身精神，對天份的忠貞不渝，既爲她自己帶來了莫大的愉快，也爲中國文學留下豐富的遺產。

在〈天才夢〉中也已提到，她在待人接物方面的笨拙表現，早在年輕時，就已顯現出來。好在她不是與父母生活便是與姑姑住在一起，但凡有事，都有他們擋在前面，毋需她自己去打交道。她曾對殷允芃說：「在讀大學時，我經常孤單一人，同學們會對我說：『我們不明白你在說些什麼。』我覺得只有在非說不可的時候我才說話。我與絕大多數人很不相像，也不要求我自己去和別人相像。」當她離開上海，不得不面對現實世界自立，在其中討生活，在其中當一名作家的時候，困難便層層疊疊地湧來了。幸虧宋氏夫婦對她忠誠不二，四十多年來不收報酬勤奮地做她的文學代理人；也幸虧在她抵達美國後不久便遇見了賴雅，使她在異國他鄉得能由他代勞處理日常生活瑣事。她的英文文體也因得到他的幫助而有長足的進步。《北地胭脂》（怨女）的英文本比《秧歌》寫得流暢，便可證明這裡面有賴雅一份功勞。然而一旦賴雅去世，她就必須親自面對塵世俗務了，有時在處理生活中最簡單的事務時，也會不知所措，諸如寄錢到海外去或是買所需的藥品等等。生活在與世隔離的狀態之中，她喜歡按自己的規例過日子，別人即使是舉手之勞，她也不願領情，以至於有時使她的生活無必要的多添麻煩。

張愛玲自我封閉的狀態，對她一生的另一種壞處是她創作靈感的泉源逐漸枯竭。她的小說大多是以現實生活中的芸芸眾生爲基礎的。在四十年代她所接觸的社會面雖然狹窄，但是她姑姑常會把朋友和親戚中發生的事情告訴她，使她得到靈感而觸發其想像力。〈金鎖記〉、〈花調〉、〈紅玫瑰與白玫瑰〉幾篇小說，都各有其本，內中人物呼之欲出，其餘也可能有現實生活、眞人眞事作底。張愛玲小說成功，自因她藝術手法高明，但到了七十年代後期，張愛玲生活在洛杉磯，自願與社會隔絕，再也沒有親朋中的活生生事件來爲她想像力的火苗增添燃料，因此，不可能再寫出新的小說來。可是她還得繼續寫作，於是就神遊在兩部她所喜愛的不朽之作中——《紅樓夢》和《海上花列傳》。在這項工作中她只是再次查考或重寫這兩部古典小說，並沒有塑造出新的人物形象，在此過程中她把自己囿於兩個古人所設定的天地之中，而不是活躍在她自己所創作的故事背景裡面。

英文有句成語：「**沒有人是一座島。**」(No Man Is an Island) 張愛玲是熟知這句成語的，可是在一九六八年她還是對訪問記者說：「**我有時覺得我是一個島。**」她確實是我行我素，至少以中國社會風俗習慣判斷，她是與常人行徑格格不入的。(在美國，有的是因爲自己喜歡，也有的是因爲需要而過着與世隔離的生活，這種人多得不可勝數。) 但是她畢竟只是以另一種方式生活的正常人而已。關於她是否正常這一問題外界有種種猜測，她在《紅樓夢魘》這一大部頭著作的最後一句作了答覆：「**天才在現實生活中像白癡一樣的也許有，這樣的人卻寫不出紅樓夢來。**」她在捍衛曹雪芹的同時，也爲自己對這種說三道四的非難作了澄清。

但是除了她的才華和脾性之外，尚有一種她無法控制的因素也左右着她的一生，那便是中國歷史的力量。著名的法國文學翻譯家傅雷曾寫過一篇評論張愛玲的文章，其中，他簡潔地總結了當代中國小說的狀況：「我們的作家一向對技巧抱着鄙夷的態度。五四以後，消耗了無數筆墨的是關於主義的論戰。彷彿一有準確的意識就能立地成佛似的，區區藝術更是不成問題。」傅雷主要關心的是：在中國，文學只是政治的御用工具。這個現象貫穿着中國的歷史。但是傅雷的睿智之見，在以後的四十年中並沒有被人重視，以至於在一九四四年他寫了這篇文章後，依舊消耗了更多的筆墨，甚至在文化大革命這一最最劇烈的文藝大論戰中，傅雷自己也成了犧牲品而遭沒頂之災。

四十年代初，上海文壇背景是資深的主要老作家和老評論家已先後撤離，張愛玲正巧是在這機遇初露頭角。四十年代後期人們則對她這類作品不十分接受。隨着一九四九年共產黨取得勝利，張意識到如果留在上海，她只能作爲一個政治文人來搞寫作。她希望移居到香港來擺脫這種負擔。但是頗有諷刺意味的是她爲了謀生，還是再一次被迫接受了政治性指派的寫作，例如《赤地之戀》。一個作家如若對政治眞正不感興趣，除非乾脆離開中國，否則便無處可以躲避。爲此，她遠涉重洋來到美國，希望不再受到中國政治和歷史的干擾。但是她又來得不是時候，那時不像九十年代一樣，對於亞洲經歷方面的文學作品沒有市場。她對英文的駕馭水平，雖然以一個英文非母語的作家而論，已經算是一流的，但是不能與約瑟夫·康拉德(Joseph Conrad)或凡爾迪米爾·拿博可夫(Valdimir Nabokov)同日而語，也不能與土生土長的一流美國作家媲美。因她對美國社會的了解，是通過所接觸的美國藝術家和作家的小圈子中。因此，在美國的前二十年中，她收入的主要來源仍是爲香港做翻譯工作和寫電影劇本，就不足爲奇了。

張愛玲的命運隨着中國社會的進步也出現了轉機。六十年代後期的臺灣社會，以及八十年代後期的中國大陸社會，年代雖不同，卻都已達到政治穩定、經濟小康、文化開放出現鬆動、文學也日趨完善的局面，於是張愛玲的作品可以捲土重來了。她要等到兩個社會進步時，才能取得應得的成功，與經濟上的安穩。這成功，自然與她的作品在臺灣與大陸社會中的銷路緊緊地連在一起。總之，儘管她旅居美國幾十年，可是她的命運還是與中國休戚相關，無論她個人的意願如何。

作爲小說作家，概括張愛玲的一生，自然應該從她的文學著作來衡量。在此方面，她還夠不上與十九世紀歐洲的小說大師們相提並論，例如英國的艾略特(Eliot)和詹姆斯(James)，俄羅斯的托爾斯泰(Tolstoy)及契可夫(Chekov)，或法國的巴爾扎克(Balzac)及福樓拜(Flaubert)。她時或缺少他們小說中氣勢的宏偉；他們對於社會和人物視界的廣博；他們寓意的深度；最重要的是達不到他們悲天憫人的境界。

相比起來，張愛玲的範圍較狹窄，她的同情也較侷限。能夠引起她注意的通常是人性中的陰暗面，尤其在四十年代初短篇中。因此在她的小說裡，有時有種無法擺脫的憂哀，尤其是像《怨女》。然而，將她與上兩個世紀的文學巨人相比，也許有欠公允。張愛玲手不釋卷，而且頗有自知之明，因此，即使按照她自己的評論，也會敬從這一輩的大師們，承認他們是更卓越的作家。放其作品入中國同期作家相比應更相宜。

張愛玲是在四十年代脫穎而出的，在這個時候，由於日本的侵略戰爭，國家山河破碎，人們在黑暗和混亂的局面中生活，別的嚴肅作家有充分的理由，奮起投身救亡，將文學作爲救國的工具，他們的作品也因此受了時代的限制。他們之中唯有張愛玲是自覺的藝術家，她那光彩奪目的語言和鮮明的風格使她與眾不同。栩栩如生的比喻的運用，既清晰又有獨創性。她善於運用象徵手法，尤其是鏡子和月亮，使它們成爲傳達她對人性看法的工具。但是在五十年代初，她覺得處在看法和意見都必需正統的社會之中，她的藝術才華已無用武之地，於是她從那偏狹的文藝環境中跑到了美國，企圖運用她的第二語言英文來尋求文學上的成就。但是，在她那些尙未出版的英文著作（也許有一天會出版）問世並加以硏究之前，只能說她在美國的事業並不成功，只發表了三篇作品。

但是，在去美國闖蕩之前，張愛玲的小說已經爲中國文學遺產增添了光彩。《秧歌》、《半生緣》以及她的七、八篇最佳的短篇小說，都是二十世紀中國小說中的不朽之作。這些小說都會世代流傳的，因爲她所寫的都是男女之間錯綜複雜的關係，他們爲了刻骨銘心的愛情所表現出來的固執、倔強，他們爲了生活和愛戀所作的妥協，作者都以敏銳的智慧來體察他們，理解他們的內心世界。因此，把張愛玲稱之爲當代中國第一位心理小說家當不爲過。這些男女人物都是從一個過渡社會的風土人情基礎上塑造出來的，因爲張是一個平凡的現實主義者，她非常看重日常生活中的情趣，努力加以再創造。因此新一代中國作家讀過她的作品，就會懂得作家必須有個人感受和個人風格，並懂得對藝術、對自己、對人生必須忠誠。她也會在新一代讀者中找到知音，因爲他們愛好語言和文學，對人生中一切生老病死有興趣。因爲對他們來說，人生的來龍去脈畢竟是混沌宇宙中終極的奧秘。

在一九六八年那次採訪時，她說：「人生是在追求一種滿足，雖然往往是樂不抵苦的。」她也說：「但人生下來，就要活下去。沒有人願意死的，生和死的選擇，人當然是選擇生。」在她一九七六年的散文〈談看書〉後記中，她寫到關於榮(Jung)給弗洛依德(Freud)的信，信中說有個病例完全像易卜生的一齣戲，榮又說：「凡是能正式分析的病例都有一種美，審美學上的美感。」張愛玲則加上：「別的生老病死，一切人的事都有這種美，只有最好的藝術品能比。」

按照她的看法，每一種人生是一齣戲，有它的曲折迂迴的情節，滿足和失望的心緒。同樣，人心也是一片充滿了戲劇的田地，有它的回憶、慾望、夢想和後悔。正是這種看法，引起了她對人文文學(Humanist)的興趣，並成爲她終生藝術的基礎。在這過程中，她自己的一生也以複雜的設計和圖案織成了一幅圖片，只能用她喜愛用的字眼來形容它——有一種淒涼之美。美在她文學上超人的天才，在逆境中驚人的毅力，與在人生中無盡無止地求「眞」的精神。

附錄㈠

張愛玲生平著作年表

一九二〇　九月十日生於上海，父張廷衆，母黃素瓊（後改名黃逸梵），原籍河北豐潤，本名張煐。

一九二三　舉家遷居天津。

一九二七　開始試寫短篇小說。

一九二八　全家重返上海。

一九三一　入讀上海聖瑪麗亞女校。學名爲張愛玲，改自其英文名 Eileen。

一九三二　在校刊上首次發表〈不幸的她〉。

一九三三——一九三六　在校刊上發表〈遲暮〉與〈秋雨〉等作品，並寫作〈理想中的理想村〉及〈摩登紅樓夢〉等。

一九三七　中學畢業。同年被父親囚禁。

一九三八　逃出父親家中，投奔母親與姑姑。考倫敦大學入學試，成績為全遠東區第一名。

一九三九　以考倫敦大學成績，進入香港大學。

一九四〇——一九四一　〈我的天才夢〉得《西風》徵文第十三名榮譽獎，獲香港大學文科兩個僅有的獎學金，Nemazee、Ho Fook Award for Best Sophomore。

一九四一　太平洋戰爭開始而輟學。

一九四二　返回上海，開始寫作生涯。為英文雜誌《二十世紀》撰文。

一九四三　五月在《紫羅蘭》雜誌上發表〈沉香屑——第一爐香〉，七月在《雜誌月刊》上發表〈茉莉香片〉，八月在《萬象》上發表〈心經〉，十一月在《雜誌月刊》發表〈金鎖記〉，另有其他小說與散文出現，成爲上海文壇上之新星，引人注目。

一九四四　發表〈年輕的時候〉、〈花凋〉、〈紅玫瑰與白玫瑰〉等小說，短篇小說集《傳奇》由雜誌出版社出版，散文集〈流言〉由中國科學公司出版。同年與胡蘭成結婚。

一九四五　發表〈創世紀〉，自編話劇〈傾城之戀〉在上海公演。抗戰勝利後胡蘭成逃去溫州。

一九四六　《傳奇》增訂本由山河圖書公司出版。

一九四七——一九四九　爲文華電影公司編劇〈太太萬歲〉與〈不了情〉，四七年與胡蘭成分手。

一九五〇——一九五一　以梁京筆名在亦報上連載《十八春》，也在同報連載〈小艾〉。

一九五二　夏天從上海去香港，開始爲美國新聞處作兼職翻譯，因此認識了宋淇、鄺文美夫婦，成終生摯友。同年發表譯作《老人與海》。

一九五三 發表譯作《小鹿》，與《愛默森選集》

一九五四 《張愛玲短篇小說集》由香港天風出版社發表。發表《秧歌》與《赤地之戀》，譯作《無頭騎士》。

一九五五 秋天離香港到美國紐約。英文《秧歌》由紐約 Scribner 公司發表。

一九五六 三月得麥道偉文藝營(MacDowell Colony)之支援，赴新罕布夏(New Hampshire)州小城彼得堡(Peterborough)居住。邂逅美國作家甫德南·賴雅(Ferdinand Reyher)，同年八月十八日在紐約結婚。〈五四遺事〉英文發表。

一九五七 CBS 上映英文劇本《秧歌》，夏志清作〈張愛玲論〉在臺北文學雜誌發表，首次肯定張愛玲在小說史上之重要性。

一九五八 秋天去加州亨亭屯·哈特福文藝營住半年，同時作《荻村傳》之英譯。

一九五九　移居舊金山。寫英文小說之餘，靠寫電影劇本來謀生。自一九五六年起至一九六三年，通過宋淇，爲香港電懋公司編了〈情場如戰場〉、〈人財兩得〉、〈六月新娘〉、〈小兒女〉、〈溫柔鄉〉、〈桃花運〉與〈南北一家親〉等等。

一九六○　成爲美國公民。

一九六一　秋天訪問臺灣。又去香港爲電懋公司編《紅樓夢》上、下集（未拍）。

一九六二　回美國華盛頓與丈夫重聚。

一九六三　在《記者》(Reporter)雜誌上發表〈重回前線〉(A Return to the Frontier)。

一九六四——一九六六　爲美國之音編廣播劇，改編莫泊桑，詹姆斯，索忍尼辛等人作品。

一九六六　成邁阿密大學(Miami University)之駐校作家，去俄亥俄州牛津市(Oxford Ohio)住九月左右，皇冠發表〈怨女〉。

一九六七　去麻州康橋，因得賴德克利夫大學(Radcliffe College)中朋丁學院(Bunting)之助，翻譯《海上花列傳》。同年賴雅在康橋去世。《十八春》改成《半生緣》在皇冠上發表，英文版《怨女》在倫敦由Cassell凱塞爾公司發表。

一九六八　皇冠再版《張愛玲短篇小說集》、《流言》與《秧歌》，張愛玲在臺灣東山再起。

一九六九——一九七一　在柏克萊加州大學中國研究中心任職，作中共術語方面研究。

一九七二　移居洛杉磯。

一九七六　《張看》出版。

一九七七　《紅樓夢魘》出版。

一九七八　最後三短篇小說在皇冠發表，包括〈色・戒〉。

一九八一　張愛玲註譯《海上花》出版。

一九八三　《惘然記》出版。

一九八四　上海《收穫》雜誌重新發表〈金鎖記〉，張愛玲在大陸也捲土重來。

一九八七　《餘韻》出版。臺北《聯合文學》出版〈張愛玲專號〉。

一九八八　《續集》出版。

一九九一——一九九四　皇冠出版張愛玲全集。

一九九四　在世之最後一部作品《對照記》發表，同年，得中國時報特別成就獎。

一九九五　九月初在洛杉磯西木區(Westwood)謝世，享年七十四歲。

附錄(二)

人去・鴻斷・音渺
——與張愛玲先生的書信來往

司馬新

一九七八年春，我還在哈佛做研究生，論文題目選定爲《海上花列傳》。兩位美國指導教授，海濤瑋和韓南(Prof. Hightower & Prof. Hanan)均是漢學界著名教授，西洋文學造詣也一流，只是兩人並不諳吳語。我雖是上海人，也懂蘇州話，但教授總不能由學生自己作仲裁，因此建議再找一人作顧問。哥倫比亞之夏志清教授學問淵博，原籍又是姑蘇，自然是最理想之顧問，他也慨然應允相助，因此通訊外，有時可去紐約拜訪領教。有一次夏教授提到張愛玲先生，說可以向她請教，一則她已在英譯《海上花》，二來她年幼時曾親見開宴會叫條子，在美國有此類經驗的人似乎很少，於是冒昧地寫了封信，向她請教關於作者韓幫慶生平與同類小說的資料。張先生有回信來，語調謙和多禮：

這一向剛巧忙迫異常，以致收到尊函遲未作覆，歉甚。多謝寄論文來，也還沒能仔細拜讀。胡適序之外，我沒有《海上花列傳》作者的傳記資料。《花月痕》不知道是否與這本書同一時期，似乎是寫兩對戀人，女方是能詩的妓女，其一死去，Centeel & Sentimental〔文雅又傷感〕，與此書不能比。比它好的沒有。我預備把譯完的部分整理出來，但是目前沒有時間，等以後一有眉目，當即奉告。此頌

大安

張愛玲　三月二十日

雖未求得有關《海上花》的新資料，我並不失望，因張先生是我一向心儀的作家，能收她回信，就十分高興了。後來有一章送給她，收到回信：

多謝寄關於《海上花》的一章來，我近來諸事栗六，剩下的工作時間不夠用，其他一切停止，迄今還沒來得及看"Thematic Unity"（主題之統一）這一章，實在荒唐。竇小山想必是影射一個實有其人的醫生。

同一時期又送她英文版之日本名著，谷崎潤一郎之《細雪》。這是我送她唯一的一本書，因自己喜看書而不喜買書，既省錢又省空間，搬家時更省麻煩。（參考書與她之作品是例外）。那時在學校中「亞洲文學」課程相助，每次均有教科書奉送，教了二、三次，手上即有《細雪》二、三本，多餘的一本送了她。谷崎潤一郎是日本二十世紀文學界之奇才，一生中風格改變了數次，他從無敗筆之作（至少在我看過的所有英譯作品中），且獨門獨戶，與其他日本文壇人士喜結社結黨作風迥異，成就高於得諾貝爾獎的川端康成，其實兩人均有值得獲獎之作品，只是谷崎更勝一籌。這倒不僅是我外行人看法，美國日本文學專家也有同感。日本現代文學如也有言情小說的話，此公定是其中之佼佼者，所以張先生看了也滿意，回信說：

谷崎潤一郎的 The Makioka Sisters 當作閒書看，倒已經看完了，非常有興趣。謝謝。

早些時她送了從皇冠上複印的新作品，〈色·戒〉與〈浮花浪蕊〉，發表後她還是在修改。有些只是排印錯誤，如「耶誕」給她改回「聖誕」，「篷」改為「蓬」。大部分是增添或改進，如在〈色·戒〉中，易先生與王佳芝同看粉紅鑽石，原文「她拿起那隻戒指，他只就在她手中看了看，輕聲笑道：嗳，這隻還不錯」。她改成「嗳，這隻還可以」。相去不遠，但更近說話人口氣。

〈浮花浪蕊〉修改了去複印之後，她又添了一段，四行長，親筆用中文稿子寫了附上。七十年代末期她還沒像九十年代那樣走紅，但無論如何是一公認的大作家，對於區區一名研究生，實在不必這樣客氣。至多寫一便條，讓我去找皇冠雜誌即可，使我很過意不去，她卻又善解人意，附了短簡說

我總等湊集了些要 Xerox 的東西才去一趟，這兩篇不過多印一份，毫不費事，請不用於心不安。

祝

暑祺

那時期東亞系有幾個同學起辦雜誌，我也屬編輯之一，幫忙投稿。張先生作品〈年輕的時候〉，我已譯成英文，擬在此小雜誌上發表，事前寄上一份，請她過目且徵求其同意。她回信道：

未能遵囑從速作覆，其實寫信並不費時間，不過實在爲難。前一向臺北 P.E.N 雜誌要登我一個短篇小說的譯稿，又有人要譯一篇編入印大印刷所的一個選集，我都回掉了，聲明一定要自己譯，不過目前沒工夫。如果出爾反爾，去登在別處，太說不過去，要得罪人。只好請不發表，希望能原諒。總之如果先寫張便條來跟我提一聲就好了，不致讓您百忙中再浪擲時間，使我歉仄到極點。祝《海上花》論文一帆風順。

那份小雜誌讀者人數不會超過一、二百人，但我還是遵照其意，不曾發表，改用了英譯之韓幫慶幾個鬼怪故事充數，反正是論文一部分。我很明瞭她的個性，屬於自己的，決不讓他人侵佔，不屬於自己的，送上門去她也不想要。對於自己的文章，她更是珍惜。憑她第一流的英文，自譯最爲理想。所以後來我在信中提起請她自譯，以奠定作品在國際上之應有地位。即使自己太忙，無法動工，也可請可信的幾個譯者，譯完後再由其本人審定。可惜事與願違，至今仍未有經她首肯的英譯短篇小說集出版。

我七九年底論文已完成，她有賀年片來向我道喜。我論文也未送她一份，因對她來說，不見得會有新意，且有班門弄斧的危險。我雖用了幾本參考書，如陳定山先生的《春申舊聞》，對當時的習俗細節，仍不能全部了解。所以後來看了她的註，信上說如早出一、二年，有助論文。她的國語譯文，那年沒看，最近才看了一章，的確譯得傳神。

八十年代在哈佛取到學位，那年出來的教職空位，全在美國小城市中。如能去一、二年後，轉進大城市位置，還可以熬過來，否則有在小城「活埋終生」的可能，想起來都會覺得「無邊的荒涼，無邊的恐怖」，因而一所大學也沒申請，改求從商。幸而那年波士頓有一大禮品公司，正想在大陸採購商品，九月份就找到了職位。每年三次去上海、北京、天津等地採訪，也可以同時探望在香港與上海的親人。有一次去信致張先生，問她有何事在上海可代辦，她因爲初來美國住過小城市，知其維艱，很表同情。回信說：

多謝寄剪報來。從各學府出來，都是在小城教書，枯寂沉悶到極點，現在大學又都不景氣，改行從商似是明智之舉，常去上海、香港更可羨慕。我在上海倒沒什麼事奉託，幾時如果去紐約，不知道能不能去看一位嚴先生一次〔略去英文地址電話〕，是我姑姑的亡友的兒子，小名阿鄖；我最後一次見到，他才十五、六歲。我姑姑信上説他現在是個 Executive〔高級職員〕，常回上海去看他父親，跟我姑姑父也很熟。我就把她的兩塊小玉牌託他替她在紐約拍賣。但是她上次見到他的時候告訴他她不想賣了。我想請你把附條面交給他，取回玉牌掛號寄給我——盒子裡塞滿棉花或團皺的 Kleenex 就不會破損，保一兩千元的險就不會寄丟了。不過這種嚕囌事實在不好意思奉煩，一再躊躇，所以遲未作覆。也許你已經去了港滬，如一時不會去紐約，就請先擱着再説。我這一向忙，要忙到明年，也不會去另託人。但如果到紐約總是來去匆匆，不易抽出時間來，請千萬告訴我，絕對沒關係。「國語對白海上花」在皇冠連載，等出單行本再寄給你。近作小說只有皇冠上那三篇，不夠出集子。

那封信八二年八月初到，那時並無事要去紐約，要到年底去，因此回信向她表明情形，如她有急要，可委託我紐約朋友代辦。另外又勸她回上海訪問，她離滬近三十年，回去一定會有不少驚喜。我建議自是私人性訪問，知道她絕不肯作官方式訪問的。北京大學樂黛雲女士那年正在哈佛作訪問學者，看了張先生作品，非常傾佩，也轉請她去北大訪問，我也同時轉告了。她很快即回信：

所託的事不忙，我本來信上説如果一時不去紐約，就請先擱着再說。年底萬一有別的事躭擱了，不到紐約去，也不用特地告訴我，又添出事來多佔掉點時間，更使我不安。這種事麻煩你已經太冒昧了，再要轉託朋友也太說不過去，又不是什麼急事。附條重抄了一份，删去日期，承向樂黛雲女士介紹我的作品，非常感謝。我的情形跟一般不同些，在大陸沒什麼牽掛，所以不想回去看看。去過的地方太少，有機會旅行也想到別處去。請代向樂女士婉辭，替我多多致意，多謝！是眞忙得透不過氣來，在別人不算忙，我是因爲精神不好，工作時間不夠用。

信中附了一便條替我向嚴先生介紹，希他能信任而交玉牌。裡面說：

我託他到你那裡拿了玉牌掛號寄給我，給你省了不少事，我知道你忙。

年底前我如期從康橋去紐約，事先與嚴先生相約在我朋友公寓裡相晤。

他按時到來，帶了玉牌。寒暄之後，交出便條，他看後問我爲何不由他自己直寄張先生，反正他在運輸公司任職，我也不便堅持，紐約究竟是騙子常出沒的地方。張先生事先又沒與他通電話。回康橋後只能去信向她道歉，她倒沒有不快，馬上有回信：

　　眞幸而你沒到年底就跟嚴君通電話，不然他搬了家，又要費事打聽地址。我早該打電話去，害你白跑眞對不起，也是因爲他那裡要週末打去。我起居無時，往往錯過時間，近來又在看牙齒，一看幾個月，實在忙累，這兩天運輸業也正是忙季，想過了聖誕節再打，免得夾忙。又打擾你的朋友，便中請替我道謝。讓你白費事更抱歉感謝。對我那兩篇舊作的評語我看了當然高興，也高興你喜歡海上花註。祝

新禧

一九八三年她似乎有封信來，一時找不到，八四年起就音信全無。我每年總有一、二封信給她，另有賀年片，但在片末總寫請不必回送，免她麻煩。所以她不回信，也不足爲奇。八五年年底至紐約拜訪夏教授，他出示水晶〈張愛玲病了！〉一文，方知道事不尋常，不免爲她擔憂。她當時受跳蚤侵擾，居無定處，看醫生卻說她心理有問題，回康橋後與夏教授再次爲此事聯絡，他說可與莊信正聯繫。莊信正當時在聯合國任職，是張先生在美國最相熟並信任的朋友，於是與信正兄通了幾次電話，商量相助她的辦法。她當年不見人，亦不接電話，很難介入進言。後來香港宋淇先生說，他正設法請她去香港，由其熟醫生根除毛病，只是她失去了護照，暫時不能成行。後來我想還是在美國找個良醫更爲方便，但自己並不認識皮膚科專家。平時看的一個老醫生，診所在哈佛醫學院左近，似乎也在醫學院中兼職，即請他介紹皮膚科系主任，希能在其同事、學生或朋友中，找到一位住洛杉磯的高明專家，人情世故也通達，如病人確有心理問題，可婉言介紹心理醫生。系主任是大忙人，也無暇顧問這類小事，託其秘書詢問。那女秘書非常熱心，找來了洛杉磯醫生名字電話地址，並說明此人品性最善良，非找這醫生不可。於是同此醫生通了次電話，解釋了病情。他答說可以試試，但不能保證有成效。他聲音溫文爾雅，聽了就使人放心。之後即寫信致張先生，請她與醫生相約見面。好像同時也去信香港的宋先生，請他也轉告此資料。宋淇先生夫婦是她一生中最忠實的朋友和知音，他的信她一定會看閱，那麼即使她不看我的信，仍可得此消息。出信之後，仍不能確定後果如何。因爲她看信後，可能不願去看醫生，結果也是徒然。八八年二月，宋先生有信來，第一句是：「報告你一大喜訊」，下面說明張先生已去看過醫生，見信後即寬慰許多。三月初她自己也有信來：

> 我這些時天天搬家，收到信都帶來帶去沒拆看，所以只看到八六年五月貴友徐先生留在租信箱處的卡片——鍾氏夫婦似未留條——直到上

月清理東西，想扔掉賀年片，先抽出來看看，發現您那一張上寫了短信，馬上打電話去找。（有關 Dr. X 略去數行）

（Dr. X）雖發言不多，給我印象很深，覺得是眞醫道高明，佩服到極點。診出是皮膚特殊敏感。大概 Fleas〔跳蚤〕兩三年前就沒有了。敷了藥效如神，已經找了房子定居，預備稍微安定下來就寫信來告知。卻一天天躭擱了下來，也是因爲實在感激，是眞不知道怎麼說才好。倒又收到您二月十六日的信，實在熱心可感，更覺得慚愧我還沒寫信去，眞是萬分過意不去。宋淇來信提到過水晶那篇文章，大概知道我不想看，看了徒然生氣，所以沒寄給我。不管他怎樣誤引志清的話，我根本不理會，絕對不會對志清誤會。等我過天寫信去，志清會看得出我這是眞話。您現在的職業與副業我覺得非常理想，免除大學城的苦悶，又有發展的餘地。我的地址電話如下，請代保密：

245 SO. RENO ST. APT. 9

LOS ANGELES. CA 90057

Tel：213-384-6867

幾時到洛杉磯來，有空就請打個電話給我。

看到這封信實在高興，她終於找到病源：皮膚特殊敏感。當然剛開始確是有跳蚤，後來搬家後去除了跳蚤，但敏感皮膚病徵(Sympton)與跳蚤一般，難怪她自己誤會有跳蚤跟隨。信一如以往有張式的筆觸，又富有人情味，關心夏教授的反應，也談起我的工作。我那時已轉行在投資公司中任股票分析師，晚上在哈佛夜校教中國、日本小說，內中有她〈金鎖記〉英譯。

從這封信即可看到，雖然她經過數年顛沛流離，又經病困，她始終思路清楚，對他人亦如往昔一樣謙和多禮。外面有人說她心理出了問題，全屬無稽之談。有些人是無意的，有些是故意中傷她，使人想起對人情世故洞察最深的約翰生博士(Dr. Samuel Johnson)之評論，他說最喜歡將他人降格的人，其實是在私底下抬高了自己。

信中提到鍾氏夫婦，是我洛杉磯的朋友。那年十月間曾請他們去張先生信箱處看看那邊環境如何，並順便留一條子，代我向她問候，他們可能因路遠未去，託了親戚徐先生代辦。

我收信後即有回信，恭賀她身體康復，並提議與那醫生保持聯繫，如有其他毛病，可請其介紹良醫，一流醫生會認識其他高明醫生，即使專科不同。關於水晶那篇文章，勸她不要生氣，因為如未見此文，我們也無法相助。另外又感謝她給我機會，暫時不去洛杉磯，日後去加州一定去拜訪。

秋天時她有信來：

五月間我聽見說有家臺灣報館記者住進我那幢公寓，要「不擇手段採訪」。剛巧我患感冒一個多月沒出去，沒碰上。一好了就搬家，累得精疲力盡，不能再搬了。只好住址絕對保密，仍舊用舊有的信箱作唯一的通訊處(1626 N. WILCOX AVE., # 645, HOLLYWOOD. CA 90028)否則朋友一個告訴一個不告訴，會使人見怪。又接連感冒一兩個月，有個醫生説也許是 Allergy〔過敏〕，服藥後倒很見效，看牙齒停頓了幾個月，更費事了。這些時一直惦記着你如果來 LA 打電話來，已經不是我的電話，不知道是怎麼回事，太對不起人。我本來也就想再去找 Dr. X，請他介紹一個內科醫生，稍微空點就去，不等你提醒，匆匆祝近好。

我馬上回信説，始終未曾打過這電話，因爲知道她入睡時間無定，恐怕吵醒她。她不必爲此擔心。同時也替她找了一內科醫生，在 Pasadena，如果 Dr. X 所介紹不頂合適，可再去 Pasadena 試試，勸她看醫生得找年高德劭的，最好有臨牀風度。另外看她送我卡片內中凹凸不平，不易寫字，恰巧在波士頓美術館買了一套卡片，是法國印象派名作，五、六十張，有十幾種不同畫片，中間完全空白。分送她一半。八八年底想明年春天訪問香港、上海，去信中說，如她方便，希能在加州停一停向她拜訪。她八九年初有回信：

多謝給我這麼許多名畫卡片，比任何賀年片都好。我也在美術館買過，不過是明信片，沒信封，不大有用。我從前有過一本 Monet〔蒙納〕畫册，是黑白的！沒彩色——因爲（二次大）戰時經濟？現在幾乎無法想像了。我去看過 Dr. X，請他介紹了內科醫生，但是還沒去看，因爲牙醫生要打電話去諮詢「你的醫生」，只好又去找從前那醫生，至少再去一次，順便作了檢查。感冒現在發現是過敏症，已經又發過好些次都給擋回去了。Pasadena 那醫生的地址保留着，以後也許需要。好的醫生實在難找，我根本不在意臨牀風度與年齡。我這些麻煩太多，每天的 Regimen〔保身的功課〕佔去的時間太多。剩下的時日已經有限，又白糟蹋了四年工夫，在這階段是驚人的浪費。想做的事來不及做，生活老不上軌道，很着急。你在哈佛夜校教中日文學，原來日文也精通，眞好，於做生意也有益。那臺灣記者那篇淘垃圾記還是登出來了。中國人不尊重隱私權，正如你說的。所以我不能住在港臺。現在爲了住址絕對保密，連我姑姑都不知道，已經有好些人不高興。一旦發現你來看過我，更要得罪人，無論我怎樣解釋是因爲實在感激，不虧了你熱心，我還在住旅館流浪。因爲是 A Matter of Trust〔事關信任〕，怎麼說也說不過去，目前只好 Remain Incommunicado〔與外不來往〕，這封信久久沒寫成，倒又收到你的「聖誕信」，更加歉疚。希望沒躭誤你四月的行程。

祝

旅途愉快

我回信說如能去拜訪，固然很榮幸，不見面也不會不高興的。後來看到她電影劇本《魂歸離恨天》，說起原作 Wuthering Height 是浪漫派小說之起源，與她作風南轅北轍，怎會得她之垂青。又談到新出土的〈小艾〉，近乎普羅文學的小說，寫得這麼平淡有致，也眞難爲她了。同年我遷居舊金山灣區，她下封信由康橋轉來：

信都收到，這些時一直惦記着還沒寫信來，實在於心不安。說來使人無法相信，日常的囉唆事太多，醫生派下的例行功課永遠有增無減，都不是吃藥的事。現在改低膽固醇 Diet〔飲食〕也麻煩，Health Foods〔健康食品〕難吃，要自己試驗着做菜。整天是個時間爭奪戰。脱軌的工作需要沉浸在裡面，要有懶散的餘裕。在這情形下就連難得通信都成了一項負擔。我一封信要寫好幾天，屢次易稿，抄了又重抄。大概是不會說話就不會寫信。我想，是我的朋友就寧可我能用這點少得可憐的時間寫點東西，而不去下工夫寫信。我總是高興得到你的消息，只要你不期望回饋。儘管内疚，也只好對不起朋友了。我對舊作〈小艾〉非常不滿，你喜歡這篇我覺得十分僥倖。Wuthering Height 小說沒看過，只看過電影與近人改編的舞臺劇本。我前兩年曾經來信〔下面談 Dr. X 略去數行〕。

大陸的氣候又變了。關於我姑父的那篇文章我大概在皇冠上看到過，看得出是你的手筆，寫得非常斟酌。我姑姑久病，姑父要照應她，恐怕不能會客了。你考慮的出路我都覺得又好又合適。這封信不知道可來得及趕在年底郵擠前寄到。祝明年百事如意。我不寫信也時在念中。

收到這封信心情頗沉重，她一封信要寫好幾天，可見身體大不如前。以往我去信希她攝養身體好了，可漸漸一部部佳作寫出來，還給她打氣鼓勵，收此信後就不再有此指望，只求她能保養身體就好。也不再提新作等事，以免給她壓力。信中所提拙作〈張愛玲二三事〉在皇冠登出，並附有她上海盛年時故居 Edinburgh House 赫德路公寓照片。文中寫出她父母親名字，是二十世紀大作家文史上所需的資料，想來沒有侵犯她隱私權，她似乎也沒爲此而不愉快。信中談及健康食品，在美國是給減肥人所用，食之無味，我在超級市場避而遠之。她向來清瘦，怎麼會需吃健康食品？是不是又看了一誤人郎中，實在不能一誤再誤了。於是又去信請她留意，她回信說：

眞高興你專修金融分析倒已經成功了，在我看來前程如錦。我因爲怕抵抗力低容易生病，又想增加體重，一向吃高蛋白質 Diet，現在不得不減低能量，也還是可以營養豐富，不過比較費事。以前那皮膚科醫生早已不看了，多謝關切，我在忙出全集的事，出了樣有新文字的寄兩本來。祝羊年新禧。

看了信就較放心。我那金融分析牌照，要過三關，而且每次淘汰人數在百分之三十至五十，考過一關總向她報喜。

那一年《舊金山紀事報》有美國記者訪問李香蘭，上面還有她舊日照片，使我想起曾見到張先生與李香蘭在四十年代園遊會中一幀照片，因此複印了一份送給她。李說她在中國時完全不曉得日軍對中國人之暴行，回日本後才發現，只覺得對不起自己當年的中國朋友。我是相信此話，想當年日軍控制下的報紙，一定黑白顛倒，她也無從發現眞相。李香蘭一生多姿多彩，在訪問時七十歲左右，已從政界退出，也不會再去中國發展，沒有說謊的必要。

後來張先生有來信：

多謝來信，又寄剪報來。出版社問我出全集送誰，（還不知什麼時候出）我要把您列入極少數幾個贈送的人內，不知道〔略去地址〕是否長期住址。如果是的，就請不要特爲回信。您一定忙。我最近發現租信箱處有螞蟻，只好換地方。新址是：

P. O. Box 36467

LOS ANGELES CA 90036 0467

那年去巴黎羅浮宮，見了好些大張的名畫複印(Reprints)，非常精緻，買了幾幅帶回來送朋友，內中一幅蒙納的睡蓮，送給了張先生，並借此鼓勵她去歐洲旅行。她已說明不想回訪上海，而早些年美國丈夫賴雅先生在時，想歐遊而未成行。現在她手邊寬裕了，盡可去倫敦——她早年考取倫敦大學，可惜放棄了——或其他歐陸古色古香城市散散心。她回信說：

每次收到您的信總是高興而又慚愧。日常囉唆事特多，寫東西進度太慢，出版社也不得不中止出全集的預告了。您的信箱地址也暫緩通知他們。目前無法自譯小說，歐遊更望洋興嘆了。收到大紙筒，猜想是一張美麗的 Poster〔畫片〕。您不知道，我再喜歡一張畫也沒到願意朝夕相對的地步，反倒喜歡空白的牆壁，除非是可憎的顏色或花紙，所以從來不掛畫，擱久了遲早會毀損，太可惜了，不如讓您另作別用，想不致見怪。我也不捨得拆開，知道我費大事也還是包不好，怕寄到已非完璧，原封不動比較放心。有便請寄"Gallery of Mirrors"給我。

Gallery of Mirrors 全名是 Gallery of Mirrors in Eileen Chang's Fiction（張愛玲小說中之鏡廊）。她向來自謙，將自己名字刪去，我乍一看，還不明白所指何物。拙文在八十年代初寫成，後來我看了她的〈羊毛出在羊身上〉，也看了另一位文評人將〈色·戒〉誤看誤解成「歌頌漢奸的文學——即使是非常曖昧的歌頌」，以爲他實在是匪夷所思。小說中的汪僞政府特務頭子易先生，是名殺人不見血的劊子手，恩將仇報殺了救他的情婦，還自以爲「生是他的人，死是他的鬼」，沾沾自喜，自我陶醉。人面獸心到令人毛骨悚然的地步。那裡有半點歌頌？張先生不低估讀者智力與常識，所以未曾將易寫成獐頭鼠目式人物，難道汪僞政府大員個個都獐頭鼠目？特務頭子雖然獸心，還是有人面，還是有其複雜的思想。殺人如麻者如史達林，希特勒，或就近的四人幫，每日早晨對鏡時不會自認爲混世魔王，恰恰相反，會自以爲是救世英雄，大家也可以想像。如果他們面對眞相——他們是喪盡天良的人類中渣滓——這種人怎麼能活下去？管見以爲〈色·戒〉即在探索人性中可怕又可憐的弱點，與人天生俱來的自欺能力(Capacity for Self-deception)，對特務頭子老易來說，已達到精神病式的自妄(Self-delusion)。拙文〈鏡廊〉花了幾頁討論這篇小說如何用玻璃鏡子、鑽石做象徵，曲曲表達作者對人性的透視。我早幾年看了〈羊毛出在羊身上〉，送她拙文，她看了大約還可首肯，所以再要了一份，當然也可能僅是她客氣而已。〈鏡廊〉只代表我的看法，其餘讀者，文評人當然有不喜歡〈色·戒〉的權利，只要說明小說壞在那裡，使人信服。即使不同意，文評中使他人看到評者的文學造詣與修養，還是值得一看。可惜這位文評人，連這篇小說也沒看懂，全篇評論纏夾歪曲，又一再聲明「**但願是我錯會了意**」。他的確是錯會了意，也難怪張先生不高興。幸而水晶先生同時期寫了〈生死之間，讀張愛玲『色·戒』〉內中有不少卓見，我雖並不百分之百同意，也非常佩服讚賞。

九二年洛杉磯有暴動事件，她雖不是住在暴動區裡，一人獨居危域，「在漫天的火光中也自驚心動魄」，所以寄了張卡片慰問，順便提起自己不愼，在那夜購物回家途經黑人區，車子右面後窗給打破。她回了一張卡片：

我僥倖只在電視上看到暴動，多謝關切。黑人區我住過旅館，就連平日也都氣氛有異。您這次實在危險——也還是吉人天相。最好能繞道。

這是她給我的最後一封信。九四年皇冠直接寄來《對照記》，如她所應諾，我自然在皇冠連載時已先睹爲快。向她去道謝與恭賀。我知道她最後二、三年私人信寫得實在少，身體欠佳的緣故。從前她已說過，「只要你不期望回饋」，所以我照舊一年一、二封信寄去。記得有一次看到英國文評人論新作 A Suitable Boy（相宜的男朋友），是一位在英美受教育的印度作家賽斯（Vikram Seth)所作。英國文評人向來將美國作家視爲二等，印度作家，不論入了英籍還是美籍，更不知是排第五等或第六等，居然評此小說達到托爾斯泰《戰爭與和平》的地位，令我好奇。借回來看看，是寫五十年代印度，我對此既無背景也無興趣，但仍看得津津有味，因爲裡面每一人物，幾個家庭之間錯綜複雜的人際關係，全給作者一寸寸寫活了。雖不見得高遠到《戰爭與和平》的境界，也幾乎達到艾略特 George Eliot 名著《密德瑪區》Middlemarch之成就。(《密德瑪區》前二年在英國編成電視劇，在美國也轟動)。賽斯與他同國藝術家電影大師雷(Satyajit Ray)一樣，在平淡中見眞實的人生，因此向她推介了，也不知她看了沒有。

今年九月八日，夏教授來電話告知她去世消息，有一種惘然的感覺，傷心的是天不假年，她未能在世多幾年。八十年代中起，她有自皇冠穩定的收入，作品電影版權也賣得特別高，總替她高興。晚年她手邊相當寬裕，也多多少少補償些以往的清苦，也是本世紀數一數二才女應該得的報酬。何況她為讀者大衆帶來多年的喜悅。可惜佳境未能再多幾年。她去世後在報上見有些熱心人，想替她安排儀式，使她走得風光些，自然全是出於善意的關心。但我想世上很多人所追求的「生榮死哀」，她並無興趣，大歸的方式，猜她許多年前已自作選定。在世時她想活得平平靜靜，離去時想走得乾乾淨淨。我們如果真正愛護她，就應該尊重她的遺囑。明瞭她要留給我們讀者的，不是任何紀念物品，而是一筆可觀的文學遺產，從她的文字裡尋求她的真諦。

她離群索居，在美國式文明下是她基本權利，只要不犯法，不傷害他人，每個人都有追求自己價值的權利。她也尊重世上大部分人追求榮華富貴的權利，不跟她學，否則小說家全得向喬埃斯(James Joyce)看齊，專寫內心獨白(Interior Monologue)了。她雖離群，也不一定寂寞，她想像力太豐富了，人寄身於洛杉磯一小公寓裡，卻可在二百年前金陵的鐘鼎之家，或一百年前上海的長三書寓裡，成年終日神遊。

她晚年雖少與世人來往，早年又寫無情式的短篇小說，但她本人是有情有義，需要人的人。五十年代，六十年代早期，她藉藉無名，幸有宋淇先生夫婦、夏志清教授、與她美國丈夫賴雅先生，做她的知音。賴雅晚年自己作品不能出版，固然不高興，但使他最生氣的是愛妻英文作品，得不到出版商垂青。張先生本人晚年得到大批忠實讀者，尤其在臺灣，對她自然是心境上的安慰，且不論物質上的支援。

但是讀者對她的欣賞，她希望是保有距離的欣賞。有些讀者記者太喜歡她，不請自邀，要衝進她的小世界裡面，逼得她越逃越遠，重門深掩。她的確對這世界有「難言的戀慕」，但只是旁觀者的戀慕，或「張看」下的戀慕。所以六十年代還見人，還主動去參加學術會議。到了七十年代盛名之累下，「張看」變成了「看張」，她成了衆目所視的名人，她不願做在金魚缸中的一尾金魚，而情願做大洋中消遙自在的海豚(Dolphin)，(請相信我這比喻並無不敬之意）世上有多少人自願做給人終日觀摩的金魚？

張先生晚年保持通信的人屈指可數，與其他幾位相比，論輩份、交情、才學，我只怕連叨陪末座的資格也沒有。承她不棄，保持了十幾年的通訊友誼，使我覺得感謝和幸運。十年二十年，甚至於一百年後，會有新的張迷出現，他們之中一定會有看張更有見地的人才，但永遠不可能與她通訊了，所以是我幸運。另外，很幸運在她所賜十幾封信中，看到她溫柔敦厚的一面。這些信件確有張氏文字一貫獨特的韻味，但與其早年在雲端冷眼看世界的風格（尤其四十年代初短篇小說），大異其趣，可能因爲我是她最晚的晚輩，剛開始通訊時又是學生，所以口氣特別慈祥些。更可能是她晚年對大千世界中芸芸衆生有更多的同情與寬恕。果眞如此，則她晚年的小說可達到悲天憫人的境界，她也不會僅是第一流作家，而會是偉大的作家了。所以她最後二十年停止創作小說，實在可惜。

她去世兩週後，我與她皮膚科醫生通了電話，當然不是討論病情，那是違反醫道的，我只是詢問醫生對她的印象。他答說她向來和藹可親(Gracious and Pleasant)，最近兩年中還去看過六、七次，可見她皮膚病仍未根除。她問病情很仔細，但不願談及自己的過去。醫生問她何時離開中國，她就禮貌地轉了話題。她去世前幾週還去過那診所，身體也還正常，所以醫生聽到她去世消息，惋惜又詫異。兩位護士聽到她是名作家，更是驚訝，想來是她一無大作家架子，又不住城中名貴住宅區之緣故。醫生又說她最近一次去時，說起想搬出洛杉磯，因爲城中太吵雜，可惜他不記得她想遷去那一城市了。這回倒輪到我詫異了，以爲她住洛杉磯二十多年，已經習慣了。不過聽醫生說最後見她時沒大病，臨終之前就不會有太多痛苦，也是不幸中之大幸。以她的爲人，也是應得的福分。

十一月底，我到洛杉磯去找她在西木區(Westwood)的公寓，也是她在世上最後的地址，憑弔一番，也拍兩幀照片。那公寓在區中與主街西木大道交叉的羅契斯特街(Rochester St.)上，一幢淡灰色四樓高的現代式公寓，門前緊挨着一棵松樹，又一棵棕櫚，在下午靜靜的陽光裡隨風微微搖動。從小街一向左轉，即是西木大道，寬敞的大街，兩邊商店林立，銀行、電影院、賣國際報章的報攤。但最多的還是飯館與小食店，美國本土的、希臘、泰國、中國、墨西哥，可以一國一國一路吃下去。那公寓鬧中取靜，小街兩面都有長青樹，綠意盎然，非常幽靜。比以往她在洛杉磯住的地區更相宜，內中大約也更舒適。想起來她最後在此幾年，還是較爲愜意的。雖然全城太吵雜，她想搬家。

究竟是十一月底了，南加州的太陽到了近五、六點也意興闌珊了，斜斜黃黃地漸向西沉。公寓對街的房子，投下一排長影，暗暗地籠罩着整條街。我自公寓向右沿小街走，她以往下午在此散步，這裡處處有她的足痕。附近都是西木區上等公寓，四、五層樓高，西班牙式爲主，相摻着其他色樣的設計，也相鄰無隙。走到下一條與羅契斯特平行的小街，在夕照中卻見一 Art Deco 式公寓，與她上海赫德路公寓這麼神似，尤其是那陽臺，叫人幾乎不能相信。不知她見那幢公寓時是否也想起她盛年時的故居，與那許多不堪回首的往事。她在〈卷首玉照與其他〉裡寫過五十年前上海的一個月夜：

四下裡低低的大城市黑沉沉地像古戰場的埋伏。我立在陽臺上，在暗藍的月光裡看那張照片，照片裡的笑，似乎有藐視的意味——因爲太感到興趣的緣故，彷彿只有興趣沒有感情了，然而那注視裡還是有對這世界的難言的戀慕。

從赫德路上的陽臺，到羅契斯特街的公寓，她經過了千萬里的風塵，熬過了崎嶇的漫漫長途，渡過了多少「可愛又可哀的年月」，她最後幾年對人間世還有難言的戀慕嗎？我想她會有的，至少我這麼希望着，在那西風殘照下的黃昏裡。

附錄(三)

張愛玲送給友人愛麗絲的食譜

(一)茄汁魚球

桂魚一條（十兩以上）
蕃茄配司半罐（小罐）（用新鮮者亦可）
青椒六只
筍一株
菱粉半杯
鹽一茶匙

酒少許

洗魚，對剖，去皮及大骨，切成六七分大小之方塊，用鹽酒淆過，以二湯匙濕菱粉將魚拌和，再將乾菱粉塗上，在大油鍋中炸一透，撈起。次將青椒切成大方塊，筍切成隨刀塊，在油內爆熟。末以蕃茄配司或新鮮蕃茄加糖少許，用油爆透，即將炸就之魚及青椒等皆傾入蕃茄內，加鹽及水少許，炒和即成。

㈡香酥鴨

肥鴨一

花椒一湯匙

茴香、桂皮少許

鹽、胡椒少許

將鴨洗淨肚內雜物，將花椒，茴香桂皮都放在鴨上，上籠蒸四五小時至鴨酥，取出待冷，將油燒至極熱，用猛火炸至鴨皮鬆脆金黃爲度。

㈢醬豬肉

肋條肉二斤（五花）
紅麯二湯匙（國藥店售）
茴香二粒
桂皮一片
酒一湯匙
糖三湯匙
醬油一湯匙
鹽一茶匙半

豬肉切成一寸半方塊，加水蓋滿肉面，加入酒、薑、葱，煮至六成酥，將鹽、茴香、桂皮，及用布包住之紅麯一同投入肉內，再煮至皮酥軟，加入醬油、糖，燒至緊湯即成。裝起將稠膩的肉汁澆在肉面。

㈣肉鬆

瘦肉四斤

甜醬一杯

酒半杯

醬油半杯（白醬油）

薑汁二湯匙

白糖二湯匙

麻油二兩

將肥肉盡行去掉，切成方塊，加水煮極爛，撈起，用酒、甜醬、醬油、薑汁、白糖，加湯少許拌勻。以麻油入鍋中將肉焙炒之至鬆乾即成。

(五)栗蓉脆皮鴨

肥鴨一

栗子一斤

冬菇二兩

火腿二兩

鹽少許

將鴨肚開一小洞，將肚中雜件取出。將煮熟之栗子去殼打爛，加入冬菇丁及火腿丁拌和，將味調好，納入肚中，將口用線縫好，如有破洞必需縫好，用紗布將鴨包住，放入砂鍋，加水滿過鴨，用文火燜至鴨酥，撈起懸在通風處待冷，在大油鍋內炸至皮黃爲度。

(六)咕咾肉

豬肉一斤

山楂片一包

青椒六

菱粉四分之三杯

醋精一茶匙

糖一湯匙

雞湯一杯

將肉切成一寸之方塊，如用裡精肉或排骨則先以鹽擦過，否則必須先逐塊用刀背拍過，再擦以細鹽，後以濕菱粉拌過，再逐塊塗滿乾菱粉，順手將它揑成一團待用。次把油燒極熱，將肉逐塊放入煎炸之，撈起，放入再炸，反覆炸三次。一面將山楂片同雞湯、醋、糖、菱粉二湯匙同煮，如欲色紅可加些水果紅，煮數分鐘即將炸就之肉及用油爆過之青椒同時倒入山楂汁內，炒數下，即成。

㈦辣子雞丁

雞胸肉一杯
青辣椒四
紅辣椒二
菱粉二湯匙
鹽少許
油半斤
湯四湯匙

將雞胸肉切成骰子塊，用濕菱粉及鹽少許拌過。在熱油鍋，爆一透，撈起，再將切成骰子塊之青紅辣椒用油炒過，加入鹽及糖少許，及湯四湯匙。末將爆過之雞肉加入炒和，即成。

㈧鳳足冬菇湯

雞足五對

冬菇十數只

雞湯一大碗

將冬菇洗淨，用滾水泡開，將冬菇在粗石上磨去頂皮，將雞足外皮去淨，與冬菇放入雞湯內隔水蒸數小時，加入鹽酒，連盅上席。

㈨核桃雞丁

雞胸肉一杯

核桃肉大半杯

蛋白一只

菱粉一湯匙

鹽半茶匙

汁湯二湯匙

油半斤

將雞胸肉切成骰子塊，用菱粉蛋白拌和，加鹽少許，在多量之油中炸一過，即撈起，一面將核桃肉去皮，（開水泡之，皮即易去）也在油內炸一透，桃肉炸至鬆脆即可。（不可過火，否則焦苦）炸完傾去鍋中餘油，把雞丁與核桃肉同時倒入鍋中，加下汁湯及鹽炒和即成。

㈩貴妃雞

雞翅二對
冬笋一只（中）
雞腿二對
冬菇四五只
火腿數片
辣醬二茶匙

醬油一湯匙

糖半湯匙

將雞翅每只斬成三段，雞腿亦斬成四五塊，在油中爆過。加水用文火燜數小時，至九成酥，待用。(另法，將爆過之雞，隔水蒸酥，則更鮮。）次把冬筍切成斜刀塊，冬菇及火腿切成片，一同加入將燉酥之雞翅內，加進調味，即醬油、糖、辣醬、鹽等，用大火煮至雞酥軟而緊湯即可。

㈩燻魚

魚二斤（各種大而肉厚之魚皆可用）

黃酒四湯匙

醬油半杯

白糖二湯匙

鹽半茶匙

葱一湯匙（斬碎）

薑末一茶匙

油一斤

五香粉一湯匙（國藥舖售）

剖魚爲二片，魚大者將肚襠取下，切成長方塊，以背部斬成約三四公分厚薄的片，擦以鹽，放入缽中，用酒、醬油、葱薑浸淆之，約四五小時，撈起，瀝乾。將浸魚之醬油加入糖及鹽，滾燒一透，待用。次以油燒至極熱，將魚一塊一塊放入。（須待放入之一塊已在油中泡沫少時，方能將第二塊放入，否則不易煎硬）煎至兩面呈深黃色而覺堅實時撈起，在煮過之醬油混合物中浸過，即撈起，攤在盆中，灑上五香粉。

（另法：炸好後，用紅糖、甘草、茴香末，攤在鍋內，再將燻架架入鍋上，把魚片放上，塗以麻油，蓋上鍋蓋，下面以猛火燒之，使鍋中之糖與茴香焦灼，煙氣蒸騰上魚肉，兩面黃即可。）

(十二)鍋巴蝦仁

大蝦一斤半
冬笋半斤
番茄配司半罐(小听)
火腿一兩
菱粉二湯匙
鍋巴一杯
糖一茶匙
汁湯一杯半
鹽酌量
醬油一茶匙

將蝦洗淨擠肉,用鹽酒浸一小時後,把鹽汁洗去,與濕菱粉拌和,在多量油內炸一透，撈起，待用。將番茄配司用油爆透，加入火腿丁、筍丁、糖、鹽及汁湯二杯，俟滾有數分鐘，即將爆就之蝦仁和入，並調進濕菱粉二湯匙，攪勻，盛起。同時把飯鍋巴在油內炸鬆，上席時，在席上乘熱將鍋巴傾入蝦仁內。

㈢紅燒豁水

青魚尾巴二條

青魚頭一個

菱粉四分之三杯

筍四兩

酒二湯匙

醬油半杯

糖二茶匙

鹽一茶匙

火腿數片

葱、薑

將魚尾對直剖爲三條，大者剖爲四條。尾之最下部分即豁水，須留着。頭也砍成四五塊，以黃酒浸漬一小時，用乾菱粉滿塗之，在熱油鍋內煎炸一透，撈起。另起油鍋，倒入油五六湯匙，投入薑片、筍片、火腿片炒一透，把煎過之魚頭先行放入，加進醬油、糖、酒、葱、鹽、水一杯，蓋上鍋蓋用猛火煮五分鐘，始將魚尾輕輕放入，再燒二十分鐘或魚熟即可。煮至半熟時須把下面的翻動一次，致面上的亦能浸到湯汁。

㈩咖哩牛白腩

牛白腩二斤（即牛肚襠五花肉）

洋葱二只

咖哩粉四茶匙

辣椒粉或斬細之乾辣椒一茶匙

糖一湯匙

鹽

　　將洋葱斬細、洋山芋去皮切成斜刀塊用水浸着，待用牛白腩切成一寸半左右之方塊，用油爆過，加水滿蓋肉面以急火燒兩透之後，改用慢火，燉至八成酥之際，乃將鍋，注入油四湯匙，把洋葱倒入，翻覆攪炒之，至將呈黃將咖哩粉及辣椒粉加入爆一透，把燉好之牛白腩連湯倒入進洋山芋、糖、鹽，再用文火燉至酥爛，用猛火收乾湯汁。

㈤蝦仁吐司

蝦一斤

麵包一隻（枕頭麵包）

豬油一湯匙（肥肉亦可）

蛋一

菱粉四湯匙

鹽一茶匙

酒二茶匙

水六湯匙

火腿屑二湯匙

香菜少許

油一斤

將蝦洗淨，擠出蝦肉，和入豬油及鹽一撮，用石臼或將之舂成糜漿，用缽或大碗盛着，加下酒、菱粉、蛋黃多雙筷子用力打攪，至覺厚時，注入水一茶匙，鹽一撮，可逐打逐加，至六匙水加完攪透成爲厚糊。次把麵包切去外面邊皮，對角切，再對角切開——即每片麵包成爲四個三角形。在每片三角麵包上，塗上一層厚蝦糊，面上飾以香菜三片及火腿屑十數粒，即將油鍋燒熱，絡續把麵包片煎炸至兩面淡黃色，撈起。

㈩五香肉絲

肉半斤

萵筍連葉二小株

糖一茶匙

醋一湯匙

辣椒或辣椒粉小半茶匙

醬油四茶匙

菱粉二湯匙（用二湯匙水調開）

薑、葱

油一杯

將肉切成細絲，用酒、醬油浸一透，拌入菱粉，入熱油鍋中爆到脫生時盛起待用，舀起鍋中餘油，留下三湯匙油，把切成片之高筍及嫩葉入鍋爆炒一下，即以肉絲和入炒和，淋入醬油、醋，加下辣椒粉、糖、薑末、葱花、炒十數下，盛起。

㈦棒棒雞（麻辣雞）

熟雞肉一杯

粉皮半杯

芝麻醬三湯匙

紅辣油一湯匙

糖、鹽

將粉皮切成絲，用鹽揑一透，洗淨，用開水泡過待用。次把雞肉撕成絲。芝麻醬加冷開水少許，調成糊，加入糖、鹽、紅辣油，拌進雞絲及粉皮，拌和即成。(紅辣油做法:將紅辣椒乾斬細,或用辣椒粉調入水少許加鹽一撮,把燒熱之生油或痲油,立即澆入,瀝去渣屑即可。)

(六)炒魷魚

魷魚二只(乾的南貨店有售)
芹菜一把
石鹼少許
汁湯二湯匙
酒一茶匙
鹽糖各少許
油一杯

先把魷魚用溫水加入石鹼浸一夜、洗淨,在一面縱橫劃出一分闊半分深的刀痕,再切成約五分與一寸之塊,把油燒熱,將魷魚投入,炸一透,速即撈起浸入酒中。舀起鍋中餘油，留下三湯匙，把切成寸段的芹菜入鍋爆炒之，加入鹽、糖、魷魚及汁湯炒數下。

附錄(四)

參考資料

張愛玲全集　皇冠出版

張愛玲英文著作：

The Rice-sprout Song, Scribner's　New York, 一九五五

The Naked Earth, Union Press　Hong Kong, 一九六四

Rouge of the North, Cassell Co.　London, 一九六七

A Return to the Frontier, The Reporter 一九六三年三月二十八日

胡蘭成　《今生今世》　新聞天地出版　一九七六

詹姆斯・萊昂(James Lyon)
Bertolt Brecht's American Cicerone,
Bouvier Verlag, Herbert Grundmann 一九七八

賴雅日記 一九五六——一九六三

夏志清 《中國現代小說史》 傳記文學出版社 一九七九

水晶 《張愛玲的小說藝術》 大地出版社 一九七三

柯靈 〈遙寄張愛玲〉 聯合文學一九八七年三月號

宋淇 〈私語張愛玲〉 收入其書《昨日今日》，皇冠出版社 一九八一

殷允芃 〈訪張愛玲女士〉 皇冠一九六八年七月號

丘彥明 〈張愛玲在臺灣——訪王禎和〉 聯合文學一九八七年三月號

陳若曦 〈張愛玲一瞥〉 現代文學十一期 一九六一年十一月號

莊信正 〈初識張愛玲〉 明報月刊一九九五年十月號

林式同 〈有緣識得張愛玲〉 皇冠一九九六年二月號

聯合文學一九八七年三月號　一九九五年十月號　明報月刊一九九五年十月號均爲張愛玲專號，有很多有關資料。

另訪問十餘人，詳情請看「後記」一節

後記

本書篇幅雖然不長，然而若非眾多熱忱之士鼎力相助，殊難順利付梓，為此，謹向為本書之出版作出貢獻的下列諸君再次致謝。

霏絲・賴雅女士曾三次接待作者，就她父親與張愛玲結婚之有關情況接受作者的採訪，承蒙她將作者介紹給她的親屬，還提供照片，並在作者進行此項工作時，始終慷慨地給予支持。

夏志清教授曾對作者不斷鼓勵、指導，以及多年來給予友誼，並承蒙他為本書賜序，為初出書之作者壯膽。

承宋夫人之好意，允許作者使用她關於張愛玲文學事業的編年史。宋淇伉儷是張愛玲四十多年來最眞誠的朋友，如果沒有他們的悉心照應，張愛玲也許會遇到更多的險厄，因此，本人不僅要作爲張愛玲傳記的作者，還要作爲她文學著作的讀者向他們致以衷心的感謝。

李開第先生曾當過張愛玲年輕時的監護人，後來又成爲她的姑父。李老先生在上海曾三次接待作者的採訪，饗我以張愛玲之趣聞軼事。已故的李老夫人也即張愛玲的姑姑，也曾在信中就作者所詢數事惠予作覆。

詹姆斯・萊昂教授（Professor James Lyon）對賴雅家族所知甚詳，對甫德南・賴雅做了開創性工作《布萊許脫的美國導行人》（Brecht's American Cicerone）。本書第五章大部分內容即以此書爲基礎。

莊信正博士對張愛玲晚年生活知之甚詳，惠予轉告，並承他送張之履歷，對此書之出版亦予以親切的關懷。

在此也謹向以下曾親自接待作者採訪或接受電話採訪的諸君表示感謝：賴雅女士的三位令郎傑樂米、丹（Dan）及湯姆（Tom）。約・培根先生及他的前妻希拉利・培根夫人（Mrs. Hilary Bacon）。愛麗斯・琵瑟爾女士。伊夫琳・伊頓女士。已故的愛恩斯脫・哈勃許塔脫先生。哈爾・哈勃許塔脫先生（Mr. Hal Halberstadt）。喬治・甘德爾先生。已故的華爾脫・哈維荷斯脫教授。戴安娜・何門太太（Diane Hermann）。利查・麥卡錫先生。及已故的查爾斯・司克利卜納先生。張子靜先生。

下列圖書館館員常予惠助，禮貌亦週到，借此向他們致謝：哈佛大學的燕京東亞圖書館與淮德納（Widener）；史丹福大學的胡佛東亞圖書館及葛林（Green）圖書館。

麥道偉文藝營惠施照片二幀；邁阿密大學報導一篇准於書中使用，特此致謝。另攝影家 Mr. Todd Webb 准許重印賴雅與布萊許脫的合照，在此特向 Webb 先生與其代理人 Betsy Evans 太太致謝。

徐斯先生是本書的主要中文譯者，作了很大努力，譯文近乎信達雅之水準，成就非常。

大地出版社社長姚宜瑛女士，爲此書大力相助，一方面也因其對張愛玲作品之愛好與敬重，對此書之出版更爲注重，實在熱誠可感。編輯陳美秀小姐，工作認眞又敏快。本書中日期、人名、地名、書名、電影名譯名，不下二百處，均由其仔細核對，對張愛玲作品及資料也知之甚詳。與其合作非常愉快。

書中如有錯誤，全由本人自己負責。一切事件之解闡與人物心理分析，也屬作者之本意，未得上述任何人士之贊同或認可。

司馬新謹啓

國家圖書館出版品預行編目資料

張愛玲與賴雅/司馬新原著；徐斯，司馬新合譯
. --初版. --臺北市：大地，民 85
面；　公分. --(萬卷文庫；218)
ISBN 957-9460-71-X(平裝)

1.張愛玲 - 傳記

782.886　　85004101

張愛玲與賴雅

萬卷文庫㉘

著　　者：司馬新
譯　　者：徐斯、司馬新
校　　對：司馬新、陳美秀
封面繪圖：林崇漢
封面設計：林崇漢
出 版 者：姚宜瑛
發 行 所：大地出版社
臺北市瑞安街 23 巷 12 號
郵撥帳號：0019252-9
電話：7033862　傳眞：7089912
印 刷 者：松霖彩色印刷公司
初　　版：一九九六（民國八十五）年五月
初版二刷：一九九六（民國八十五）年六月
定　　價：平裝 280 元

新聞局出版登記證：局版臺業字第 3279 號